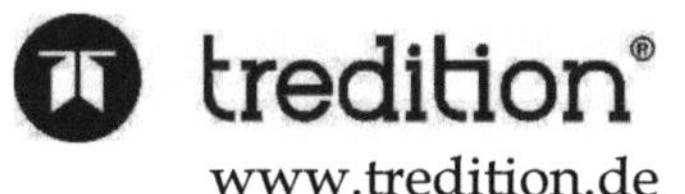

AF304323

Winnetou Apatschi

Der nackte Nazi und die gute Greta

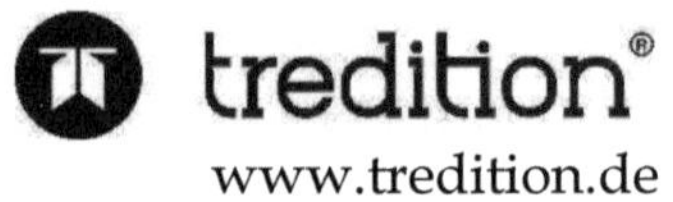

Vorwort

*Die Handlungen und Personen in diesem
Roman sind frei erfunden. Ähnlichkeiten mit
lebenden oder toten Personen sind rein
zufällig.*

Völlig nackt stampfe ich mit meinem üppigen Übergewicht den Strand entlang. Ich bin noch käseweiß. Es ist der erste Urlaubstag auf Fuerteventura. »Theo, hallo Theo«, ruft eine zuckersüße Frauenstimme. Die Stimme kenne ich doch. *Ist das nicht Vera? Wo ist sie denn?* Suchend drehe ich mich um und schaue in zwei wildfremde Gesichter. Hinter mir steht ein Pärchen, beide haben sich in edler teurer Markenkleidung so richtig in Schale geworfen. Die Frau in Saharexpeditionskleidung, der Mann gekleidet, als ob er zum Golfen will. Auf allen Kleidungsstücken prangen ein Wildschwein und der dazugehörige Schriftzug Labohs. Das ist die aktuell teuerste Nobelmarke überhaupt. *Wo kommen diese Exoten denn jetzt her,* denke ich, während ich von den beiden von oben bis unten gemustert werde. Vor allem inspizieren sie meinen unteren Körperbereich. Was sagt Herr Nobeldress? Ich glaube, ich höre wohl nicht recht, und das liegt nicht an seinem bayrischen Akzent: »Wenn i so ausseng würd, würd i bestimmt ned nackt do lang laffa!« Frau Sahara nickt zustimmend. »Des is jo wohl völlig unmöglich, de tickn do auf Fiateventura jo wohl ned ganz richtig!«

Au, denke ich, *was ist denn hier los? Der Urlaub fängt ja gleich richtig toll an.* »Theo!«, vernehme ich wieder Veras Stimme, nun noch näher als zuvor. Ach so, die Stimme kommt aus dem Wasser. Und nun sehe ich sie auch. Vera und ihre Freundin Annika stürmen freudig auf mich zu, bahnen sich dabei ihren Weg zwischen den beiden Exotenurlaubern hindurch und umarmen mich herzlich. »Schön, dass du hier bist! Wo ist Maria?« Beide geben mir einen Kuss auf die Wange. »Maria ist im Hotel geblieben. Wir sind gerade erst angekommen. Die Anreise war ziemlich anstrengend.«

Vera und Annika sind vom Aussehen das komplette Gegenteil von mir. Die beiden sind weiblich, jung, schlank, sportlich und hübsch, sogar sehr hübsch.
Und äußerlich gesehen haben wir einzig und allein gemein, dass auch sie komplett nackt sind, so, wie es hier auf unserem Paradiesstrand zwischen Costa Calma und Esquinzo üblich ist. Annika und Vera sind ein Paar und haben so, wie auch ich, ausschließlich Augen für ihre Partnerin.

Kennengelernt haben wir uns vor vielen Jahren hier am Strand und dann irgendwann einmal festgestellt, dass sie auch aus Dortmund kommen und dass Veras Elternhaus bei mir direkt um die Ecke ist.

Ehepaar Dressleute in ihrer noblen Kleidung glotzen uns sensationsheischend an und rühren sich nicht vom Fleck. Wir stehen dicht zusammen, sodass man denken könnte, wir würden zusammengehören.

Nun ertönt eine männliche Stimme und nähert sich aus den Dünen. »Der Theo ist da!« Und schon macht sich ein weiterer Tross auf den Weg in unsere Richtung. Die Familie Highlander! Ich nenne sie so, weil Werner, also Herr Highlander, einen riesigen Aufkleber mit der Aufschrift "Der Highlander" auf seinem Auto hat. Was der Aufkleber bedeuten soll, weiß eigentlich niemand, aber er ist hübsch. Familie Highlander besteht aus ihm selbst, also Werner, dessen Mutter, seiner Tante, seinem Freund, Werners Onkel Wolfgang und ganz vielen anderen. Ein bunt gemischter Haufen aller Altersklassen und Geschlechter. Werner ist Bankdirektor, besitzt neben vielen anderen Häusern in allen möglichen Feriengebieten auch hier auf Fuerteventura ein eigenes Haus. Highlander wohnt eigentlich in Bremen, kommt aber enorm viel in der Welt herum.

Jedes Mal, wenn wir auf Fuerteventura Urlaub machen, sind Werner und andere von der Familie Highlander auch da. Strandwetter vorausgesetzt, steht dann täglich der Wagen, mit dem riesigen Highlander-Aufkleber auf der Motorhaube, am Strand. Und immer an derselben Stelle, vor der zweiten Düne, findet man hinter einem perfekt aufgebauten

Windschutz Liegen, Strandhocker, kiloweise Bücher, unzählige Kühltaschen mit flüssigen und festen Leckereien und den Highlander-Clan. Sie brauchen immer sehr viele Utensilien, damit meine ich jedoch keine Badekleidung, meistens müssen sie zweimal fahren.

Highlander umarmt mich: »Gerade eben haben wir noch über euch gesprochen. Drei Minuten später stiefelst du hier lang.« Die Textil-Nobeldressleute stehen immer noch bei uns. Werner streckt ihnen seine Hand entgegen: »Darf ich mich vorstellen? Mein Name ist Werner.«
»Scheenen guadn Dog aa« stammelt Herr Nobeldress. Frau Sahara grunzt irgendetwas, dann machen sich die beiden kopfschüttelnd von dannen.

Highlander schaut mich fragend an. »Was sind das denn für welche?«
Ich schau ratlos zurück. »Das wollte ich eigentlich auch gerade fragen.«
»Irgendwo hat es wieder mal einen islamischen Terroranschlag gegeben«, löst Vera das Rätsel auf.

Nun trauen sich viele Touristen nicht mehr in muslimische Urlaubsländer und weichen auf die Kanaren aus. Die meisten bleiben zum Glück in den Anlagen der Luxushotels, aber leider nicht alle. Manche verlaufen sich in unser Paradies. Einige passen sich an und werden zu unsrigen, andere betrachten dieses Strandleben als Aufforderung zu pornografischen Handlungen in der Öffentlichkeit, und wieder andere gaffen, saugen alles mit ihren Augen auf, um anschließend echauffiert zu sein.

Wir sind uns einig. Hoffentlich gibt es keine weiteren islamistischen Attentate und auch keine weiteren Massenhotels auf Fuerteventura.

Wenige Tage später sind wir bei Familie Highlander zu einem wunderschönen Grillabend eingeladen. Der Highlander steht am Grill und wendet die Steaks vom Biobauern. Vera kümmert sich um die Getränkeversorgung und erzählt, dass ihre Eltern nach Monaco auswandern möchten.

»Werden wir dann Nachbarn?«, will Maria wissen.

Nein, das werden wir nicht. Annika und Vera haben schon ein wunderschönes Haus. Aber verkaufen möchte Vera ihr Elternhaus trotzdem nicht. Lieber möchte sie etwas Gutes tun: »Es kommen so viele Flüchtlinge nach Deutschland. Vielleicht kann ich in dem Haus eine nette Flüchtlingsfamilie aufnehmen und dort richtig gute Integrationsarbeit leisten.«

Diese Idee finden alle grandios. Und wo wir einmal bei solch einem Thema sind, habe ich auch etwas zu sagen. »Mir schwebt so etwas Ähnliches in Mecklenburg vor!«

Maria, meine liebe Frau, ist etwas irritiert. »Das wusste ich noch gar nicht, was hast du denn vor?«

Besänftigend schaue ich sie an. »Nichts Aufregendes meine Liebe, ich möchte unser Freizeitgrundstück dort nur besonders naturfreundlich herrichten und vielleicht so etwas wie einen Gnadenhof für arme Tiere gründen.«

Maria hat in den letzten Jahren viel Schlimmes mit mir erlebt. Fast hätten wir alles verloren, weil ich eine ganz tolle, innovative Geschäftsidee mit einem ganz besonders seriösen Taxiunternehmen so richtig satt in den Sand gesetzt hatte. Eigentlich eine totsichere Sache. Das muss einschlagen wie eine Bombe, dachte ich vorher. Das Projekt ist in einer totalen Katastrophe mit ganz vielen Schulden geendet. Monatelang konnte ich mir nicht einmal eine Krankenversicherung leisten. Jetzt geht es gerade wieder etwas aufwärts, weil ich eine gute Stelle als LKW-Fahrer gefunden habe. Das ist nicht gerade mein Traumjob, aber immerhin bekomme ich eine ordentliche Bezahlung und wirklich gute

Sozialleistungen. Mein Arbeitgeber ist die riesige Supermarktkette Pfennigfuchs. Die behandelt ihre Leute noch recht fair. Das Grundstück in Mecklenburg stammt noch aus besseren Zeiten vor dem Taxiunternehmen. Eigentlich hätte ich das Grundstück schon lange zwecks Schuldentilgung zu Geld machen müssen. Ich hatte das zwar beabsichtigt, aber gerade, wenn alles schiefläuft und man mehr als dringend Geld braucht, klappt so etwas natürlich nicht. Bei dem ganzen Stress um meine Selbständigkeit hatte ich mich vorher nicht um diese Immobilie kümmern können. Nun ist das riesige Grundstück verwahrlost, das Haus darauf zur Ruine verfallen, weil die Mieter ausgezogen sind, und das Verhältnis zu den Nachbarn ist zur Eiszeit mutiert. Diese Immobilie hat sich zu einem zusätzlichen Klotz am Bein entwickelt und ist nach so viel Ärger nicht gerade Marias Lieblingsthema. Auch hält sie nicht mehr ganz so viel von meinen tollen Einfällen. Aber das wird schon wieder. Denn diesmal wird garantiert alles anders sein. Aber das weiß meine liebe Maria nicht, jedenfalls jetzt noch nicht. Ich muss also sanft an die Sache herangehen.

Maria schaut mich mit großen Augen an. »An welche Tiere denkst du so, mein lieber Theo?«

Ich: »Ja nun, halt Tiere denen es schlecht geht. Die keine Chance haben. Zum Beispiel der

Braunbär. Der war früher bei uns heimisch. Jetzt sieht man die armen Tiere höchstens noch im Zoo.«

Oh, da habe ich wohl einen Fehler gemacht. Maria schaut total entsetzt. »Du willst Braunbären halten?« Ihr Ton hat so einen kreischenden Unterton. Auch die anderen schauen etwas irritiert.

»Nein, meine Liebste. Das hast du jetzt falsch verstanden. Das war doch nur ein Beispiel. Ich denke da eher so an Wildbienen und Schmetterlinge. Für die kann man doch einiges tun. Und vielleicht noch ein paar Miezekatzen und Wauwis.«

Im Augenwinkel sehe ich, dass Maria aufatmet.

Uff, das ist ja gerade noch mal gut gegangen.

Am nächsten Tag ist kein Strandwetter. Highlander möchte zu einer Zwangsversteigerung. Ein Ferienhaus wird versteigert. Vera schließt sich dem Highlander an. Als Chefin der riesigen Immobilienfirma »Wir lieben Immobilien« hat sie fachliches Interesse.

Maria will das Wetter für eine Shoppingtour mit mir nach Rosario nutzen. Annika findet die Idee ebenfalls interessant und Highlanders Onkel Wolfgang möchte irgend so einen neuartigen Rasierer kaufen. Also fahren wir vier gemeinsam nach Rosario.

Schade, dass ich fahren soll. Shopping ist echt nicht mein Ding. Muss das denn so lange dauern? Viel lieber würde ich meine Aufmerksamkeit der Getränkekarte einer gemütlichen Gaststätte widmen. Auch Wolfgang ist nicht so glücklich. Kein Geschäft führt seine Rasierermarke. Einen anderen will er partout nicht nehmen, denn es muss unbedingt dieser neu auf den Markt gekommene Renningwolf, oder so ähnlich, sein.

Schließlich gibt man ihm einen Tipp. In einem Gewerbegebiet an der Stadtgrenze wurde kürzlich ein Renningwolf-Spezialgeschäft eröffnet.

Der arme Wolfi tut mir schon ganz leid. Also machen wir auf dem Heimweg einen Abstecher in dieses Gewerbegebiet. Bestimmt werden wir den Laden schnell finden. Aber diese blöden Einbahnstraßen machen uns einen Strich durch die Rechnung. Immer wieder fährt man unfreiwillig im Kreis. Ich verfahre mich total. Wir landen in einer Sackgasse, und ich will eigentlich nur hinten im Wendehammer drehen, da fällt unser Blick auf ein eigenartiges Gelände!
Wir sehen eine große, steinige Fläche mit einem hohen Maschendrahtzaun eingefriedet

und bebaut mit einem fensterlosen Flach-
dachbau. Vor dem Gebäude sind in
regelmäßigen Abständen zig Hunde angeleint.
Auf die Hauswand gemalt prangt die Aufschrift
»Pererra«.

Wolfgang kann recht gut spanisch. »Was heißt
Pererra?«, möchte Maria wissen.
Wolfgang überlegt einen Moment, räuspert
sich, überlegt erneut und sagt dann: »Die
passendste Übersetzung lautet – Tötungsstation für Hunde!«

Augenblicklich ist die entspannte Urlaubs-
atmosphäre in unserem Auto verflogen.
Ich stoppe den Wagen, und wir besitzen einen
direkten Blick auf die vielen lieben Tiere: Große,
kleine, alte, junge und sogar Welpen.
Rassehunde und Mischlinge. Alle schauen uns
hoffnungsvoll an.

»Tötungsstation!«, wiederholt Annika mit
zerbrechlicher Stimme.

Ich schaue Maria an. »Liebe Maria, ich möchte
einen Hund!«

Maria antwortet nicht. Ein Tier wollte sie noch
nie haben. Nicht weil sie Tiere nicht mag,
sondern wegen der Verpflichtung. Außerdem
sind wir beide berufstätig. Aber die Tiere tun
ihr leid.

Ich ziehe die Handbremse an, mache den Motor aus und öffne die Autotür. Augenblicklich geht ein Konzert los. Die einen Hunde bellen, die anderen heulen, manche winseln. Es ist ein Heidenspektakel.

»Schau mal Maria. Der große da vorne, der macht gar keinen Lärm. Den könnten wir mitnehmen, ohne dass unsere Nachbarn uns wegen Lärmbelästigung verklagen.«

Der große, hellbraune Mischling schaut uns lieb an, springt auch erfreut hin und her, als ich auf ihn zugehe. Aber er bellt nicht. Er heult auch nicht. Winseln tut er auch nicht. Na gut, jedenfalls nur ganz leise.

Abwechselnd schaue ich zu dem großen Senfhund und dann wieder zu Maria. »Da ist bestimmt Schäferhund und Labrador drin.« »Ja, und er hat so einen netten Dackelblick«, antwortet Maria.

Ich: »Und Windhund könnte auch drin sein. Schau mal, wie schmal der Gute ist.«

Maria: »Ach herje, der ist ja halb verhungert. Bei dem Armen sieht man jede Rippe.«

Ich: »Wie der wohl heißen mag?«

Maria: »Der sieht so aus, dass er Tom heißen müsste.«

Nun gehe ich auf den Hund zu. »Heißt du Tom?« Ergeben legt sich Tom auf den Boden, direkt vor meine Füße.

Ich: »Passt der noch ins Auto?«

Maria: »Theo, bitte nicht. Lass uns erst einmal fahren. Ich wollte noch nie einen Hund.«

Ich: »Aber Maria, ich kümmere mich um den lieben Tom. Du brauchst ihn nur zu streicheln.«

Aber es ist nichts zu machen. Nachdem Maria mir verspricht, dass wir noch in Ruhe über dieses Thema sprechen werden, fahren wir erst einmal in das Rasierergeschäft und dann zurück zu Highlanders Ferienresidenz.
Heute Abend ist wieder Grillen angesagt.

Das ist eine gute Gelegenheit, dieses Thema noch einmal aufzugreifen. Und ich erhalte professionelle Unterstützung. Schließlich ist Annika promovierte Psychologin.

Welch ein Zufall aber auch. Abends sitzt Maria genau neben Annika. Als ich an den beiden vorbeigehe, höre ich Annikas beschwörende Stimme: »Theo braucht doch auch dringend mehr Bewegung, da ist so ein Hund doch genau das Richtige ...«

Für den Knüller des Abends sorgt dann Highlander. »Meine Lieben, wie ihr wisst, werde ich in drei Jahren in Rente gehen.«

Jetzt grinse ich aber in mich hinein. Was wird sich dann schon groß für Highlander ändern. Er ist ständig irgendwo in der Welt im Urlaub. Ich habe ihn mal darauf angesprochen, wie das funktioniert. Geantwortet hatte er mir, dass er nicht dafür bezahlt wird, in irgendeinem Büro zu sitzen, sondern dafür, dass alles läuft. Und dass alles läuft, regelt er täglich von dort, wo er gerade ist. Seine Bank läuft gut. Die Kunden, die Aktionäre und die Mitarbeiter sind glücklich und zufrieden.

Highlander: »In diesen drei Jahren muss ich natürlich noch vieles regeln. Eine der angenehmsten Dinge betrifft das Vermögen einer leider verstorbenen Kundin. Es gibt keine Erben, und die Kundin hat mich vor ihrem Tod beauftragt, das Vermögen in ihrem Sinne zu verteilen. Ich soll den Betrag in zwei gleiche Hälften teilen und damit zwei Projekte unterstützen, welche Gutes tun. Bis jetzt ist das Geld fest angelegt. In drei Jahren endet die Festschreibung, exakt dann, wenn ich in Rente gehe. Meine letzte Amtshandlung wird sein, diese eine Million Euro an zwei Projekte zu verteilen. Ich denke da an Veras Projekt und an dein Projekt, Theo.«

Das muss ich erst einmal verdauen.
Vera hat sich schneller gefasst. »Und was sind das für Bedingungen?«

Highlander nimmt einen Schluck Bio-Apfelsaft, dann antwortet er: »Hauptbedingung ist, dass das jeweilige Projekt mit diesem Geld nicht erst gegründet werden soll, sondern dass es ein bereits laufendes und weiterhin erfolgversprechendes Projekt ist.«

Ich traue mich jetzt nicht, das laut vor Maria auszusprechen. Die halbe Million ist für mein Projekt bereits so gut wie sicher. Wird wohl doch noch etwas mit meinen Braunbären.

Die Rückreise von Fuerteventura treten Maria und ich gemeinsam mit einem großen Senfhund an. Sein Name ist Tom. Annika ist wirklich eine hervorragende Psychologin.

Ein Jahr ist so verdammt schnell vorbei. Wieder ist es unser erster Tag auf Fuerteventura, und Maria erholt sich erst einmal im Hotel von dem ganzen Reisestress. Wie im letzten Jahr bin ich schon mal allein zum Strand gefahren und auch dieses Mal ist es ein wunderschöner, windstiller und sonniger Tag. Ein Paar kommt mir entgegen. Die beiden tragen protzige Sonnenbrillen mit Spiegelverglasung, ich glaube von Labohs. Der Mann hat ein Handtuch bedruckt mit einem riesigen Wildschwein und dem Schriftzug Labohs über die Schulter hängen. Gerade will ich an den beiden vorbeigehen, strecken sie mir die Hand zum Gruß entgegen. »Griaß God, sie hom aba ganz schee obgnomma.«

»Grüß Gott, hallo!« Wer mag das sein? Die beiden kommen mir bekannt vor. Aber beim besten Willen weiß ich nicht, wer sie sind. Ich grüße freundlich zurück und gehe weiter. Gerade bin ich vorbei an den beiden, glaube ich meinen Ohren nicht zu trauen: »So konn ma do doch ned rumlaffa, i glaub i spinne.« Moment mal. Jetzt dämmert es mir. Das sind doch Frau Sahara und Herr Nobeldress. Aber diesmal sind die beiden auch nur mit einer Sonnenbrille bekleidet. Warum bin ich denn jetzt in diesem Jahr auch wieder Stein des Anstoßes? Fragend drehe ich mich um. Dann verstehe ich. Ich bin gar nicht gemeint. Etwas weiter geht gerade eine junge Frau ins Wasser. Bekleidet mit einer Bikinihose. Ja, denke ich, da muss ich den beiden Dressleuten recht geben. Das ist doch keine passende Strandbekleidung. Trotzdem muss man doch nicht gleich so aggressiv reagieren!

Ja, ja die Textilfreiheit. Nun ist das Ehepaar Nobeldress also auch infiziert. Bei mir passierte dies bei einem DDR-Urlaub an der Ostsee. Als ich dort das erste Mal zum Strand ging, hatte ich mit allem gerechnet, nur nicht damit, dass hier alle nackig sind. Damals dachte ich, meinen Augen nicht zu trauen. Doch schnell merkte ich, dass man in der DDR nicht nackt herumlief, weil man so arm war, sondern dass pures Wohlbefinden dahinterstand. Und Fuerteventura ist in dieser Beziehung der DDR ähnlich.

Heute ist ein besonders schöner Tag. Es ist Windstille, die Sonne scheint und sogar der Atlantik ist wärmer als sonst. Spontan mache ich mich nach dieser netten Begrüßung auf den Weg: von Esquinzo nach Costa Calma und zurück. Das Wetter ist so toll, viele haben diese Einladung angenommen und tun genau das Gleiche wie ich. Viele sind gute Bekannte, Urlaubskumpel und Kumpelinen. Jahr für Jahr treffen wir uns hier nicht abgesprochen wieder, einfach zufällig. Schon auf halbem Weg nach Costa Calma bin ich über den neuesten Klatsch und Tratsch der Insel informiert. Die Stimmung ist herzlich und das Niveau ebenso gehoben wie die Kulisse. Alles sind nette, intelligente Leute, humorvoll, gebildet und naturverbunden.

,,Mensch Theo, du hast aber abgenommen, fast hätte ich dich nicht erkannt.« Das ist mein Freund Highlander. So klein ist Highlander ja wirklich nicht. Trotzdem habe ich ihn gar nicht bemerkt, weil ich so in Gedanken bin.

»Hallo Werner, Mensch was freue ich mich! Und ja, ich habe abgenommen. Ich habe eine Abnehmreha hinter mir und seit dem letzten Urlaub einen spitzenmäßigen Personal-Fitnesstrainer.« Highlander weiß sofort, wen ich damit meine.

Abends sitzen wir alle wieder um Highlanders Grill.

Annika: »Wie hat sich Tom bei euch eingelebt?«

Maria: »Tom war sofort stubenrein und brauchte kein bisschen erzogen zu werden. Tom ist der beste Hund der Welt.«

Highlander: »Was gibt es sonst noch Neues?«
Ich: »Ja, also, erst einmal habe ich abgenommen.«

Highlander: »Sehr gut! Das haben wir alle gesehen! Weiter so! Möchtest du noch ein Steak?«

Ich: »Äh, nein danke, aber ein Bier wäre nett. Beziehungsweise, ähm, hast du auch etwas Härteres? In der Reha habe ich gelernt, dass man aus kalorientechnischen Gründen besser Hochprozentiges trinkt.«

Highlander: »Wodka? Hat Wodka genug Alkohol?«

»Ja«, antworte ich, »das müsste ausreichend sein. Danke Werner, bitte ein großes Glas!«

»Sehr vorbildlich«, sagt Highländer. »Du machst ja sogar im Urlaub Diät! Prost!«

Auch Wolfgang prostet mir zu. »Du Theo, ich hab da noch etwas viel Besseres für dich!« Highlanders Onkel Wolfgang ist schon 88 Jahre alt, aber noch äußerst rüstig, sowohl im Kopf als auch körperlich. Nur sein Gehör ist nicht mehr ganz so gut. Darum ist seine Stimme bestimmt bis nach Lanzarote zu hören. Wolfgang hält eine dicke, selbstgedrehte Zigarette hoch. »Schau mal hier, das ist absolut Bio, garantiert keine Chemie und absolut kalorienfrei. Möchtest du einen Zug?«

Aus kalorientechnischen Gründen wäre dieses Angebot eigentlich einen Versuch wert, aber ich lehne dankend ab. Meine größte Willensanstrengung in meinem Leben war es gewesen, mir das Rauchen abzugewöhnen. Damit meine ich das Rauchen mit normalem Tabak. Danach habe ich zwar unfassbar zugenommen. Aber ich bin trotzdem glücklich, endlich Nichtraucher zu sein. Da werde ich nun nicht anfangen, Gras zu rauchen. Nein, ich bleibe lieber bei Wodka.

Ein Stündchen später schaut meine Maria irgendwie nicht mehr so entspannt. Sie trinkt niemals Alkohol, ist die einzig völlig Nüchterne. Ich dagegen bin mit Abstand der Betrunkenste. Arme Maria!

Mit jedem Gläschen Wodka werde ich zusehends gesprächiger: »Wir haben den besten Hund der Welt! Ich vermisse ihn so. Fuerteventura ist so schön. Aber kein Hotel nimmt einen Hund, am Strand sind Hunde verboten, im Mietwagen sind Hunde nicht gern gesehen und der Flug ist gar nichts für unseren Tom.«

»Wie habt ihr das denn diesmal gelöst? Wo ist Tom denn jetzt gerade«, möchte Vera wissen. Also erzähle ich, dass wir schon lange vor dem Urlaub einen Betreuer engagiert hatten, der Tom Wochen vorher regelmäßig besuchte.

Dann ist er erst mit uns zusammen, dann auch mal mit Tom allein Gassi gegangen, hat Tom danach auch mal kurz danach länger zu sich nach Hause mitgenommen und schließlich auch über Nacht. Tom hatte also lernen können, dass er uns nicht verliert, wenn wir jetzt in seiner Heimat Urlaub machen. Aber er fehlt so.

»Dann ist ja gut, dass wir heute so schön beieinandersitzen«, sagt Highlander. »Ich habe da nämlich eine Lösung. Fahrt doch mal mit dem Auto nach Ada Bojana. Das ist in Montenegro. Eine textilfreie Insel mit Bungalows direkt am Strand. Alles etwas rustikal, dafür aber total herzlich. Und das Beste ist: Euer Tom ist willkommen.«

»Supertoll! Das machen wir!«, freue ich mich. Dann ebbt die Begeisterung aber doch etwas ab, als ich Marias Gesicht sehe. »Eine FKK-Insel?!«

Marias sieht sehr entschlossen aus: »Das möchte ich nicht!«

»Aber Maria, dort ist es wirklich supertoll«,«, kommt mir Vera zur Hilfe. »Du weißt gar nicht was du verpassen würdest. Wann habt ihr denn wieder Urlaub.«
»Die ersten beiden Wochen im Juni«, kann ich der Diskussion beisteuern. »Annika, gib mir doch mal den Laptop rüber«, sagt Vera, »ich

werde Maria mal ein paar Fotos zeigen. Annika und ich waren nämlich auch letztes Jahr dort.«

»Die ersten beiden Wochen im Juni habt ihr Urlaub? Super, ich auch!«, sagt Highlander. »Ratet mal, wo ich dann hinmöchte.«

Ich muss lachen. »Das du dann Urlaub hast, ist ja wirklich eine Überraschung. Im nächsten Leben muss ich unbedingt auch Bankdirektor werden.«

Highlander geht nicht darauf ein. »Aber es wäre ja wirklich richtig super, wenn wir uns dort treffen.«

Und da kann ich ihm wirklich nicht widersprechen. »Maria, das wäre doch toll, wenn wir mal mit Tom einen Strandurlaub machen und dann auch noch Werner treffen?«

Irgendwie kann meine liebe Ehefrau jetzt schlecht Nein sagen.
Und nun bekomme ich auch noch professionelle Hilfe von Annika. Was ein Glück, dass sie so eine gute Psychologin ist. Ein bis zwei Stündchen später ist unsere Reise über Annikas Laptop verbindlich gebucht. Das nenne ich einen erfolgreichen Abend. Darauf muss ich anstoßen. Brav mache ich ganz viel Diät: mit viel Wodka.

Highlander passt auch gut auf, dass ich nicht verdurste und schenkt fleißig nach. »Was ist eigentlich aus deinem Projekt in Mecklenburg geworden?«

»Werner, gut, dass du das ansprichst. So richtig viel weiter bin ich noch nicht ge-kommen.«

Gerade will ich weiter erklären, da fällt mir Vera ins Wort. »Ich bin auch noch nicht weitergekommen. Der Umzug meiner Eltern hat sich verzögert.«

Ich hasse Fliegen. Aber dieser Flug ist noch viel grässlicher als sonst. Die Nacht war so kurz und ich habe einen furchtbaren Kater. An den Rest des Abends kann ich mich gar nicht erinnern. Komisch!
Schweigend sitzen Maria und ich im Flieger. Wir sind bestimmt schon eine Stunde in der Luft, da fragt mich Maria, wie ich das eigentlich alles bewältigen will mit meinem Projekt in Mecklenburg.

»Mecklenburg? Wie kommst du denn jetzt darauf?«, frage ich.
Maria: »Du hast doch gestern groß und breit erklärt, wie du das Grundstück dort tier- und naturfreundlich herrichten möchtest.«

Jetzt bin ich aber verdutzt. Ich kann mich gar nicht erinnern. Fragend drehe ich meinen brummenden Schädel in Richtung Maria.

Maria: »Du möchtest bedrohte Wildpflanzen anpflanzen, Insektenhotels aufstellen, einen Naturteich bauen und dort eine Art Naturistencampingplatz für Tier- und Naturfreunde errichten. Und außerdem war dir absolut wichtig, dass nicht nur der Naturteich textilfrei ist.«

Jetzt bin ich aber baff. Natürlich möchte ich das alles tun. Aber ich kann mich nicht im Entferntesten daran erinnern, dass ich gestern davon gesprochen hatte.

Angesichts der Tatsache, dass ich noch so viele Schulden von der Selbständigkeit abzahlen muss und dafür sogar noch an den Wochenenden nebenbei als Taxifahrer jobbe, muss ich zugeben, dass sich diese Pläne zurzeit nicht besonders realistisch anhören. Das denken jedenfalls die anderen. Dass ich das trotzdem ganz locker hinbekomme, behalte ich im Moment besser für mich. Es wäre mir einfach zu anstrengend, wenn ich erklären sollte, wie das eigentlich funktionieren soll. Vor allem mit derartig schlimmen Kopfschmerzen.
»Ach meine Liebste, das ist doch für später, wenn alles wieder in Ordnung ist. Jetzt

kümmere ich mich erst einmal um alles andere.«

Erleichtert schaut Maria mich an. »Dann bin ich ja beruhigt. Gestern hörte sich das irgendwie etwas aktueller an.«

Gedankenversunken sitzen wir eine ganze Zeit nebeneinander, bis Maria das Schweigen bricht. »Du Theo, mit welchem Auto fahren wir eigentlich nach Montenegro. Dein olles altes Cabrio ist zu klein, mein Miniauto ebenfalls. Und unsere Limousine ist alt und klapperig. Und wo soll Tom sitzen? Auf dem Rücksitz? Da gibt es Ärger oder man muss ihn angurten. Und das auf so einer langen Strecke!«

»Och!«, antworte ich. »Wir haben ja noch ein paar Monate Zeit. Uns wird schon etwas einfallen.«

Aber jetzt gerade wird mir bewusst, dass wir da ein größeres Problem haben. Mein zweisitziges Cabrio, das Maria so hasst, ist dafür unbrauchbar. Ich hatte dieses alte Auto wider aller Vernunft gekauft, als ich ein wenig Geld geerbt hatte. Marias Stadtflitzer ist zwar jünger, aber ebenfalls viel zu klein. Und unsere alte Limousine war ursprünglich als Ersatztaxi gedacht, als ich noch Unternehmer war. Der Wagen ist mittlerweile zu alt und leider auch kein Kombi. Wohin mit unserem lieben Hund auf so einer langen Strecke?

»Und dass du auf allen vieren herumläufst und vormachst, wie süß sich unser Hund hinlegen kann, das ist mir auch etwas peinlich gewesen!«, reißt Maria mich aus meinen Überlegungen.

Ich: »Was habe ich gemacht? Ist das dein Ernst?«

Maria: »Leider ja!«

»Oh je! War es das, oder kommt noch mehr«,«, möchte ich wissen.

Maria: »Nein, das war es. Aber das reicht ja wohl auch. Niemand war so betrunken wie du!«

Grässlich dieser Flug. Endlich sind wir gelandet, müssen nur noch mit unserer alten Klapperkarre nach Hause fahren.

Ich: »Maria! Ich hab immer noch so Kopfschmerzen. Fährst du?«

Maria: »Ok, ich fahre.«
Maria: »Du, Theo! Sag mal, was ist das für eine gelbe Kontrollleuchte, die nicht ausgeht?«

Ich: »Ich glaube, das ist nur die Motorkontrollleuchte. Fahr einfach weiter. Nach Hause kommen wir damit auf jeden Fall.«

Ich etwas später: »Du Maria, ich hab solche Kopfschmerzen. Fahr doch nicht so ruckelig.«

Maria: »Das mache ich gar nicht. Das ist der Wagen!«

Ich: »Maria, warum bleibst du denn jetzt hier stehen?«

Maria: »Das will ich gar nicht.«

Der Wagen fährt nicht mehr.

Schnell ist das Rätsel aufgeklärt. Ein Motorschaden!

Unser nächstes Auto wird ein nagelneuer amerikanischer SUV super ausgestattet mit allem möglichen Schnickschnack. Das Preis-Leistungs-Verhältnis ist unschlagbar und für uns realisierbar, weil der Wagen über Holland als EU-Wagen eingeführt wurde und dann auch noch eine Tageszulassung hatte.
Einziges Manko ist, dass der Wagen etwas mehr verbraucht. Aber er lässt mein Herz immer wieder höherschlagen. Was für ein tolles Gerät! Auch hundetechnisch ist der Wagen die allererste Wahl: Ein schöner großer

Kofferraum und wenn man die Heckklappe schließt, gibt es noch die Möglichkeit, nur die Heckscheibe hochzuklappen. Und der Wagen ist stark genug, einen Anhänger für das Mecklenburgprojekt zu ziehen. Außerdem hat der SUV viel Bodenfreiheit für schlechtere Straßen. Finanziell gesehen muss diese Anschaffung jetzt gerade wirklich nicht sein, aber dafür haben wir nun das für uns optimale Auto zu einem Spitzenpreis.

Da kommen sie, brüllt eine bekannte Stimme, sodass es auf der halben Insel zu hören sein muss. Highlanders Onkel Wolfgang hat uns gesichtet.

Nach 20 Stunden Fahrt sind wir endlich in Montenegro angekommen. Völlig k. o., aber so glücklich wie selten in meinem Leben. Es war ein echter Höllenritt, fast 2.000 km von Dortmund bis nach Ada an der albanischen Grenze. Jedoch mit meiner lieben Maria neben mir, unserem lieben Hund hinter uns und in unserem wunderschönen SUV war diese Fahrt trotzdem pures Vergnügen.

Die Ferienanlage ist schon ziemlich in die Tage gekommen, liegt dafür aber in einer Traumkulisse. Auch gibt es zum Glück keine großen hohen Gebäude, sondern nur kleine Häuschen, zum Teil direkt am Sandstrand.
Wir haben einen solchen Bungalow unmittelbar in Strandnähe. Die Einrichtung ist reif für den Sperrmüll, aber alles ist sauber. Der Strand ist riesig, unsere Hotelanlage ist weit und breit die einzige auf der kompletten Insel. Zum Teil ist der Strand menschenleer.

Hier können wir unsere Seele baumeln lassen.

»Na, haben wir zu viel versprochen?«, hören wir eine Frauenstimme. Welch tolle

Überraschung. Nicht nur Familie Highländer, auch Vera und Annika sind da.

So ein toller Urlaub, ein echter Traumurlaub, der leider wie im Flug vergeht.

Es ist wieder unser letzter Abend.
Wir sitzen alle an der Strandbar. Tom kaut zufrieden ein Rinderohr, wir trinken noch ein paar Gläschen auf uns. Beziehungsweise Onkel Wolfgang raucht noch ein paar auf uns.

Vera erzählt, dass ihre Eltern nun endgültig nach Monaco gezogen sind, das Haus nun leer steht und sie nach dem Urlaub mit ihrem Projekt Flüchtlingshilfe beginnen möchte.

»Theo, wie weit bist du eigentlich mit deinem Grundstück«,«, fragt Annika.

»Leider nicht sehr weit«,«, muss ich zugeben.

Alle wissen, dass ich knapp bei Kasse bin und auch eigentlich gar keine Zeit habe, denn sie kennen ja meine Geschichte bestens.

Ich: »Ich war schon einige Male dort, habe schon viele Meter Dornenhecke angepflanzt, damit dort Vögel brüten können und habe schon kiloweise Samen von bedrohten Wildpflanzen ausgesät, damit Wildbienen eine

Chance haben. Mehr habe ich noch nicht geschafft.«

»Wildbienen! Das ist doch mein Hobby«, donnert Wolfgang plötzlich los.

Ich: »Mensch Wolfgang, warum sagst du das jetzt erst? Wir haben doch schon so oft über das Thema gesprochen.«

Wolfgang: »Hab ich gar nicht mitbekommen. Das kommt, weil ihr immer so leise sprecht. Ich baue die tollsten Insektenhotels, habe eigene Studien in Sachen Wildbienen betrieben, Schulprojekte betreut und halte vor Gott und der Welt Vorträge über dieses Thema. Schließlich habe ich viel Ahnung von Biologie. Mein Arbeitgeber war früher die Bundesrepublik Deutschland. Ich hatte das staatliche Institut für Landwirtschaft in Gronau, an der holländischen Grenze, geleitet. Früher hatte ich beruflich Vorträge gehalten, heute welche über Wildbienen. Wildbienen sind so wichtig und haben keine Lobby. Die Honigbiene hat wenigstens noch die Imker, aber für die Wildbienen setzt sich kaum jemand ein. Wenn schon, dann interessieren sich die Leute für kuschelige Vierbeiner. Theo, ich kann dir helfen. Was du am besten anpflanzt, wie man ein Insektenhotel richtig baut und aufstellt und alles andere rund um dieses Thema.«

Vera: »Super Wolfgang, dann können wir ja den Garten meines Elternhauses auch umgestalten.«

Ich bin baff. Welch eine tolle Fügung. Nun habe ich für dieses Thema auch noch den richtigen Fachmann an der Hand. Ja, es wird schon alles gut. Ich weiß das einfach.

Nach ein paar Gläschen Hochprozentigem bin ich noch viel enthusiastischer und auch wieder mutiger, als mir später lieb sein soll. »Mensch Wolfgang, ich arbeite doch in einer Firma, die mit Obst und Gemüse handelt. Dazu passt doch das Thema Wildbienen super. Wenn du einverstanden bist, kann ich ja mal fragen, ob du bei uns einen Vortrag halten kannst.«

Wolfgang: »Theo, super! Mach das, ich komme gern!«

Was jetzt in der Feier und Urlaubsstimmung kein Problem ist, kommt mir schon am nächsten Tag nicht mehr so unproblematisch vor. Ich arbeite in einer riesigen Firma und bin nur ein winziges Licht. Wie soll ich so etwas denn managen?

Ajwad ist ein marokkanischer Arbeitskollege. Heute fahren wir gemeinsam eine Tour. Es ist wenig zu tun, dann werden wir oft zu zweit rausgeschickt, damit wir mehr Touren kennenlernen können.

Ajwad ist so um die 40, total sympathisch, aufrichtig, ehrlich und immer freundlich. Allerdings sollte man sich nicht mit ihm über Politik und Religion unterhalten. Dann bekommt er Quasselanfälle, die nicht mehr aufhören. Ajwad ist streng gläubig, besucht regelmäßig eine Moschee und engagiert sich dort auch ehrenamtlich.

Oh je, ich habe versagt. Schon nach wenigen gefahrenen Metern kommt das Gespräch auf Politik. Also muss ich mir jetzt anhören, dass die Amerikaner das World Trade Center selbst gesprengt haben, nur um es den armen unschuldigen Moslems in die Schuhe schieben zu können. Als Beweis werden mir haufenweise kleine Filmchen im Internet genannt, die das eindeutig beweisen. Selbstverständlich sind diese Filmchen seiner Meinung nach absolut seriös und auf höchstem wissenschaftlichem Niveau. Und überhaupt, die Welt wird eigentlich von Zionisten regiert. Alle anderen sind nur Marionetten.
»Was sind denn Zionisten?«, wage ich zu fragen, was aber schon wieder ein Fehler ist.

Den nun folgenden Vortrag hätte ich mir ebenfalls gern erspart gehabt: Zionisten sind die Juden. Ich soll mal im Internet gucken. Die machen nicht nur die armen Palästinenser kaputt, sondern beherrschen die ganze Welt. Alle westlichen Staatsoberhäupter unterstehen den Zionisten.

Und nun wechselt der Vortrag von Politik zu Religion:
»Theo glaube mir, der Islam ist so eine friedliche, tolle Religion und wird immer nur schlecht gemacht. Auch das Attentat in Paris hat so nie stattgefunden. Das war kein Moslem.«

»Und was ist mit dem IS«, möchte ich wissen.

Ajwad: »Der IS ist von den Amerikanern mit dem einzigen Ziel gegründet worden, dem Islam zu schaden. Schau doch mal in den Videos die Waffen vom IS an. Das sind amerikanische Waffen. Woher sollen die wohl sonst die Waffen haben, wenn die Amerikaner nicht den IS gegründet hätten. Ich mache dir gleich mal eine Liste von Videos im Internet. Da kannst du richtig was lernen.«

Ich: »Ja super, Ajwad, das ist bestimmt alles wissenschaftlich total fundiert. Ich werde mir das alles merken. Wenn ich mal Zeit habe, dann schaue ich mir das alles an.«

Ajwad: »Theo, wofür interessierst du dich denn eigentlich? Lebst du einfach nur so in den Tag hinein? Glaubst du alles, was man dir so erzählt?«

Ich: »Doch. Ich habe auch Interessen. Zum Beispiel möchte ich etwas für die aussterbenden Wildbienen tun. Die sind sehr wichtig für unsere komplette Zivilisation und verschwinden immer mehr von der Bildfläche.«

Ajwad lacht: »Wildbienen! Ihr Deutschen seid echt putzig.«

Dann gähnt er und fragt: »Und Theo, was willst du konkret tun?«
Ich: »Ich kenne jemanden, der hat richtig Ahnung von diesem Thema. Der bietet sich an, einen Vortrag darüber zu halten.«

Ajwad gähnt noch kräftiger: »Hört sich echt spannend an.«

»Ja«, erzähle ich. »Wolfgang hat mal ein Landwirtschaftsinstitut irgendwo an der holländischen Grenze geleitet, ist jetzt Rentner, aber noch echt gut drauf und hat dieses Thema zu seiner Passion gemacht.«

Ajwad grinst: »Landwirtschaftsinstitut an der holländischen Grenze... Was haben die denn da untersucht. Etwa Grasanbau! Ha! Ha!«

Ich: »Du Ajwad, das weiß ich gar nicht. Aber möglich ist alles. Auf jeden Fall raucht Wolfgang das Zeug.«

Plötzlich ist Ajwad wie ausgewechselt. »Wildbienen! Das hat mich schon immer interessiert. Sag mir, wann der Vortrag ist. Ich komme auf jeden Fall!«

Ich: »Wirklich Ajwad?«

Ajwad: »Ich schwöre!«

Ich: »Das finde ich ja klasse! Super! Danke Ajwad! Du, Ajwad, welche Videos soll ich mir noch mal anschauen?«

So eine große Resonanz für das Thema Wildbienen hätte ich mir nicht träumen lassen. Schon der Erste, den ich auf das Thema anspreche, will den Vortrag hören.

Der Geschäftsleiter hat bis dato bestimmt noch nicht einmal etwas von meiner Existenz gewusst. Ich bin nur ein LKW-Fahrer, ein Malocher von ganz vielen in dieser riesigen, reichen Firma Pfennigfuchs. Niemals wäre ich auf die Idee gekommen, diesen Mann anzusprechen, wären da nicht die Wildbienen. Motiviert durch Ajwads Interesse nehme ich meinen ganzen Mut zusammen und frage

unseren Geschäftsleiter, ob Pfennigfuchs Interesse an solch einem Vortrag hat.

Die Antwort lautet ja.

In jedem Glaskasten der Firma kommt ein
Aushang mit der Einladung. Wolfgang freut
sich wie ein kleines Kind. Dafür kommen bei
mir täglich größere Bedenken. Außer Ajwad
scheint sich niemand bei Pfennigfuchs für den
Vortrag zu interessieren. Im Gegenteil,
manche machen sich sogar darüber lustig.
Schließlich klage ich mein Leid auch Edgar,
meinem besten Kollegen. Mehr mir zum
Gefallen interessiert sich auch Edgar plötzlich
für Wildbienen und macht kräftig Reklame für
den Vortrag.

Tatsächlich kommen etwa 10 Zuhörer zu dem
Vortrag. Danke, Edgar, du bist mein Retter.
Und Edgar ist noch weitaus brillanter, als ich je
zu Hoffen wagen würde. Er sammelt für
Wolfgang. Jeder gibt 10 Euro. Es kommen 100
Euro zusammen. Edgar ist jedoch der Meinung,
dass Wolfgang eh genug Geld hätte. Darum
besorgt Edgar einen Megafrühstückskorb,
komplett gefüllt mit Bioprodukten aus
nachhaltiger Produktion. Edgar ist wirklich
unersetzlich. Danke, dass du das alles
gemacht hast.

Wolfgang ist brillant. Die anwesenden Gäste sind begeistert.

Den Wildbienen schadet dieser Vortrag garantiert nicht. Am Ende gibt es viel Applaus. Edgar hält eine kurze Dankesrede und überreicht den Frühstückskorb.

Edgar ist wirklich genial, aber ich auch. Zum Glück sehe ich im letzten Augenblick, dass der Kassenbon noch in dem Korbgeflecht hängt. Schnell ziehe ich ihn raus und stopfe ihn in meine Jackentasche.

Schon wieder ist ein halbes Jahr vergangen. Es ist Winter. Maria und ich haben so viel gearbeitet und haben Sehnsucht nach Sonne. In Montenegro ist jetzt auch Winter. Schade! Also geht es wieder nach Fuerteventura. Doch kurz vor unserer Abreise passiert eine Totalpanne. Toms vertrauter Gassigeher versetzt uns. Doch es ist alles schon gebucht. Wir haben nur noch 5 Tage bis zum Abflug. Ich reagiere schnell und finde eine absolut tierfreundliche Familie mit großem Grundstück und vielen eigenen Tieren. Jeden Tag fahre ich nun mit Tom dorthin. Er lernt die Familie kennen. Auch fahre ich mal kurz weg, lasse ihn dort, komme aber nach kurzen Abständen zurück.

Heute ist der Tag unserer Abreise und ich habe Toms Utensilien dort hingebracht. Tom spielt mit der Familie im Garten Ball. Das soll ihn ablenken. Abgemacht ist, dass sie Tom hinter das Haus locken und ich in diesem Moment abfahre.

Gesagt getan! Ich gebe gerade Gas, da muss Tom irgendetwas gemerkt haben. Vorher, als ich nur mal kurz weggefahren war, hatte er das nicht gemacht. Jetzt kommt er ganz verzweifelt angerannt und schaut mich traurig an.

Ich gebe Gas und fahre weiter. Was soll ich tun? Tom, wir kommen wieder!

Als wir an unserem Strand ankommen, begrüßt uns wieder der komplette Highlander-Clan. Auch Annika und Vera sind wieder da.

Es ist schön. Aber Toms Blick geht mir nicht aus dem Kopf, und Maria leidet ebenfalls.

Schon lange sind wir mal dran, unsere Freunde einzuladen. Das tun wir jetzt. Eigentlich bewirtet unser Hotel keine Nichthotelgäste. Für Stammkunden wie uns machen sie aber eine Ausnahme. Heute sind unsere Freunde unsere Gäste.

»Theo, hast du schon meine neuen Mieter kennengelernt«, will Vera wissen.

Ich: »Ja, Vera. Die sind alle supernett. Ich hatte mit unserem SUV einen Platten, genau vor deren Haustür. Sie haben mir sofort geholfen. Wo kommen deine Mieter her?«

Vera: »Aus Afghanistan! Die drei Jungs sind Brüder. Ali, Amid und Abdullah. Es sind tolle Menschen. Die Jungs lernen fleißig deutsch. Jede Unterhaltung mit ihnen ist angenehm. So, wie diese drei jungen Männer sind, müssten alle Menschen in unserem Land sein.«

Vera wechselt das Thema: »Wie war eigentlich Wolfgangs Vortrag?«

Ich: »Absolut spitze! Es gibt nun ein paar Wildbienenfreunde mehr. Und zumindest gibt es einen Kandidaten, der das Thema auch noch weiter vertiefen möchte.«

»Ach du meinst deinen Kollegen Ajwad«, donnert Wolfgang. »Mit dem habe ich mich nach dem Vortrag auch noch sehr gut unterhalten.«

»Schön, das habe ich ja gar nicht mitbekommen«, gebe ich zu.

Wolfgang: »Also dein Kollege Ajwad ist wirklich in Ordnung. Wir haben uns auch noch ausgiebig über Cannabisanbau unterhalten. Der Junge hat wirklich Ahnung. Aber ich konnte ihm trotzdem noch ein paar Tipps geben.«

Gerade als ich mich zu Wort melden will, spricht Wolfgang weiter: »Theo, nun schau nicht so entsetzt. Cannabis ist keine Droge im eigentlichen Sinne. Hast du schon mal jemanden gesehen, der daran gestorben ist? Oder hast du schon mal etwas von Beschaffungskriminalität im Zusammenhang mit Cannabis gehört.«

»Niemals«, beantwortet Wolfgang seine selbst gestellte Frage.

Wolfgang: »Cannabis ist viel harmloser als Alkohol. Junge, weißt du überhaupt, warum Alkohol erlaubt und Cannabis verboten ist?«

Wieder beantwortet Wolfgang seine eigene Frage: »Weil ein Amerikaner namens Harry Anslinger seinen Posten retten wollte. Er leitete ein Ministerium, das Alkohol verbieten sollte. Weil das nicht gelang, behauptete er, Alkohol sei harmlos, Cannabis dagegen viel schlimmer. So behielt sein Ministerium seine Existenzberechtigung und er seinen Job. Später übernahm die halbe Welt ungeprüft diese Regelung. Außer natürlich einige fortschrittliche Länder, wie zum Beispiel Holland. Aber auch in Deutschland tut sich etwas. Einerseits ist Cannabis verboten, andererseits bekommen die Leute Cannabis auf Rezept in der Apotheke. Wie passt das zusammen?«

»Theo, möchtest du mal einen Zug nehmen?«

Ich: »Nein danke, lieber Wolfgang. Ich will nicht rückfällig werden und wieder Lust auf Tabak haben.«

»Du Theo, gründe doch einen Verein zur Rettung von Wildbienen«, unterbricht Highlander den Cannabisvortrag. »Ich könnte als Bankdirektor Schatzmeister sein, Wolfgang könnte sein Wissen einbringen, dein Kollege

Ajwad hat ja vielleicht auch Interesse mitzumachen und der Verein kann das Mecklenburgprojekt unterstützen.«

»Tolle Idee!«, sagen Wolfgang und ich gleichzeitig. »An diesem Gedanken bleiben wir dran.«

Vera: »Bezüglich Mecklenburg habe ich auch noch eine Idee! Theo, du kommst doch nicht weiter, weil dir Zeit und Geld fehlt. Wie wäre es, wenn du nicht allein alles herrichtest, sondern wenn du dir abgesehen von dem Wildbienenverein noch weitere Mitstreiter suchst.«

Ich: »Vera, auch das ist eine tolle Idee. Es müssten natur- und tierfreundliche Leute sein, die ein Grundstück dementsprechend herrichten und gleichzeitig zu unserer gemeinsamen Ferienanlage machen.«

Vera: »Genau und die Leute müssten auch FKK-Freunde sein. Schließlich möchtest du ja auch ein Naturschwimmbecken und ein Luftbad anlegen.«
Ich: »Genau Vera, du bist genial!«

Vera: »Man muss den Leuten nur begreiflich machen, dass lediglich das pure Grundstück vorhanden ist. Alles muss neu. Strom, Wasser, Abwasser und auch das Gebäude. Als

Gegenleistung für ihren Einsatz könnten deine Mitstreiter kostenlos auf dem Gelände kampieren und alles nutzen.«

Ich: »Vera... das ist die Lösung!«

Vera: »Nach dem Urlaub werde ich für dich Inserate schalten und den Interessenten Fotos und eine genaue Beschreibung der Situation zuschicken. Dann werden wir einen Termin nennen, wenn du in Mecklenburg bist und alles persönlich mit den Leuten klären kannst.«

Vera! »Danke, dass es dich gibt.«

Es ist der nächste Tag. Windstille! Das nutze ich aus und schlendere den Strand entlang.

Ich: »Hallo Annika, hallo Vera! Auch schon unterwegs?«

Vera: »Das Gleiche dachten wir gerade über dich. Gestern war ein schöner Tag. Aber du hast die Dosierung mit deinen harten Getränken noch nicht raus.«

»Ach je«, antworte ich kleinlaut. »Ich wundere mich schon, dass ich mich wieder nicht an das Ende des Abends erinnern kann. Muss ich mich bei euch wegen irgendetwas entschuldigen?«

Vera: »Nicht bei uns, Theo. Bei uns ist alles ok. Und dein Handy haben wir auch wiedergefunden.«

Ich: »Wieso Handy gefunden? Und warum bei euch nicht entschuldigen? Muss ich mich bei irgendjemandem entschuldigen?«

Vera: »Oh Theo! Du weißt also gar nichts?«

Ich: »Nein! Was soll ich denn wissen?«

Vera: »Erinnerst du dich nicht an den Anruf?«

Ich: »Was denn für ein Anruf?«

Vera: »Maria war schon mal zum Zimmer gegangen, die Highlanders waren schon weg, und du wolltest zum ungefähr zehnten Mal einen letzten Wodka trinken. Dann klingelte dein Handy. Du sagtest, dass dich deine Firma ja noch nie angerufen hätte. Dann bist du rangegangen.
Eine ganze Weile hat dir irgendjemand etwas erklären wollen.
Und du hast dann etwas von Wildbienen, FKK und Braunbären erzählt. Dann sagtest du immer wieder, du seist nicht betrunken und erzähltest, dass Braunbären und Bienen eigentlich gut zusammenpassen und selbst im Winter auf Kleidung verzichten. Annika hat

reagiert und wollte dir dein Handy wegnehmen. Dabei ist es in den Pool gefallen.«

Annika: »Und das weißt du alles nicht mehr Theo?«

Ich: »Neiiiiiiin! Hoffentlich träume ich das jetzt gerade nur!«

Vera: »Theo, wir wissen, dass du mit deinem Fastkonkurs viel durchgemacht hast. Auch dass du zwar mit den Konditionen deines LKW-Jobs glücklich bist, aber nicht mit der Tätigkeit selbst. Du hast ganz oft gesagt, als du so betrunken warst, dass deinen Job jeder dressierte Affe erledigen könnte und du dich nach einer Tätigkeit sehnst, wo du kreativ sein kannst.
Theo, du weißt, dass Annika eine gute Psychologin ist. Wenn du wieder in Dortmund bist, dann rufe sie an. Sie nimmt sich die Zeit.«

Annika nickt bestätigend.

»Ihr Lieben«, antworte ich. »Ganz vielen Dank. Aber ich denke, dass ich einfach nur den harten Alkohol weglassen muss. Ich habe so gern Bier getrunken. Niemals ist mir Derartiges passiert. Jetzt trinke ich wegen dieser Abnehmerei harte Sachen und andauernd passiert so etwas.«

Annika: »Theo, das Angebot steht! Denke daran, es ist gefährlich, wenn man solche Filmrisse hat. Kannst du dich wirklich immer noch nicht an gestern erinnern?«

Nein, ich weiß von dem Anruf gar nichts mehr. Das Handy ist Schrott und mittlerweile sind wir wieder zu Hause. Tom empfängt uns herzlich. Maria und ich schwören uns, dass wir nie wieder ohne Tom Urlaub machen, solange es unseren lieben großen Senfhund gibt.

Ajwad findet die Idee mit dem Wildbienenverein spitze. Das Mecklenburgprojekt muss ich ihm später noch einmal in Ruhe erklären. Irgendwie werde ich das Gefühl nicht los, dass Ajwad die Sache mit dem FKK nicht richtig versteht. Aber ich werde ihm noch beibringen, dass es um Naturverbundenheit und nicht Pornografie geht.

Vera schreitet sofort zur Tat, als sie wieder in Deutschland ist, schaltet Annoncen bei Naturistenvereinen und Naturschutzverbänden und verschickt fleißig genaue Beschreibungen der Umstände und des Vorhabens.

Ich konzentriere mich auf das Geldverdienen. Auf der Arbeit versuche ich, dezent herauszufinden, wer genau mich angerufen hatte. Mein defektes Telefon gebe ich in eine Handywerkstatt, um die Anrufliste auszulesen, Aber erfolglos. Der genaue Anschluss ist nicht ausfindig zu machen. Auch gibt sich auf der Arbeit niemand zu erkennen.

Bei dem Gedanken fühle ich mich wirklich schlecht. Irgendwer in der Firma muss jetzt davon überzeugt sein, dass ich mächtig ein Rad abhabe! ... und ich weiß noch nicht einmal wer!

Jetzt ist Samstagnacht. Ich sitze im Taxi, meinem Nebenjob, stehe am Halteplatz und warte auf einen Fahrtgast. Aha, da kommt einer.

Ein Mann, mit einem langen Mantel ordentlich gekleidet, steuert direkt auf meine Beifahrertür zu. Das Fenster ist zufällig gerade unten, ich schaue ihn direkt an. Kurz bevor er die Tür öffnen wird, holt er plötzlich eine Kamera mit supergroßem Objektiv hervor. Vorher war die Kamera unter dem Mantel verdeckt. Statt die Tür zu öffnen und einzusteigen, fotografiert der Typ mich.

Ich bin total verdattert. Was ist denn nun los? Bevor ich irgendwie reagieren kann, ist der Mann auch schon wieder weg, rennt über die Straße und verschwindet hinter einer Häuserwand.

Was war das denn?

Jetzt läutet auch noch mein Handy. Kollege Edgar ist dran und fragt, ob ich ihn Montag zur Arbeit mitnehmen kann. Klar kann ich.

Ich: »Du Edgar, weißt du was mir gerade passiert ist?«

Edgar: »Du mit deinem Taxifahren. Wieder Ärger mit einem Fahrgast? Verdien dein Geld doch anders. Wie ich zum Beispiel. Ich bin Mitglied bei unserem Fußball-Profiverein geworden. Die Tickets für die Spiele sind viel günstiger als der tatsächliche Marktpreis. Weil ich jetzt Mitglied beim Ballverein bin, bekomme ich diese Tickets viel leichter und verkaufe sie im Internet. Das ist leicht verdientes Geld.«

Ich: »Edgar, ich habe ein ganz anderes Problem. Da fotografiert mich einer hier im Taxi. Was kann das denn bedeuten?«

Edgar: »Vielleicht hat der nicht alle auf dem Zaun. Oder aber! Du Theo, hast du eigentlich deinen Zweitjob bei unserer Firma angemeldet?«

Ich: »Ach herje! Nein! Das hab ich immer wieder vergessen.«

Sofort stelle ich das Taxi ab.

Montag gehe ich in die Personalabteilung, um meine Nebentätigkeit anzumelden.

Gespannt warte ich die Reaktion ab. Es gibt keine Reaktion!

Eine Woche später, als ich von meiner Tour zurückkomme, herrscht in der Firma ein Riesenaufruhr.
Ein Kollege hat im großen Stil geklaut und ist aufgeflogen.
Ausgerechnet von diesem Kollegen hätte ich das nie geglaubt.

Nach Schichtende verabrede ich mich mit meinem Kollegen Edgar, gemeinsam mit unseren Hunden eine Runde Gassi zu gehen.
Die Gassirunde endet bei mir im Partykeller auf ein paar Bierchen. Die harten Sachen möchte ich nicht mehr trinken, das hat mir zu viel Unglück gebracht.
»Theo, ich habe eine Lösung für dich«, sagt Edgar. »Hier! Habe ich selbst angebaut. Absolut Bio und hat keine Kalorien. Nimm mal einen tiefen Zug.«

Ok, schlimmer als Alkohol kann es ja nicht sein.

Nach ein paar Zügen: »Edgar, ich merke gar nichts. Aber der Abend ist ja noch lang, nicht wahr?«

Gemütlich sitzen wir da, reden über alles Mögliche und auch über unsere Arbeit, den merkwürdigen Fotografen, den ominösen Anruf.

Edgar: »Hast du eigentlich mitbekommen, dass es eine neue Konzernchefin gibt.«

»Nein«, gebe ich zu.

Edgar: »Echt nicht? Die ist schon ein paar Wochen im Amt, die Frau Nelkenkötter.«

Ein Weilchen später.
Edgar: »Theo, spürst du jetzt irgendetwas?«

Ich: »Neiiiiin, gaaaar nichts. Ich bin vööööölig klar. Hi! Hi! Hi!«

Edgar: »Dann nimm noch mal einen tiefen Zug!«

Ich: »Ok, ich kann es jaaa weiter proooobieren. Ha! Ha! Ha! Aber ich meeerke gaaaar niiichts! Ho! Ho! Ho!«

Edgar: »Theo, stell dir mal vor, die Frau hat dich angerufen, weil sie einen Firmendieb überführen möchten.«

Ich: »Ha! Ha! Und ich erzähle der etwas von Nacktbaden. Ha! Ha! Ha!«

Edgar: »Ho! Ho! Ha! Ha!«

Edgar: »Theo, du musst sofort reagieren! Schreib ihr einen Brief und entschuldige dich.«
Ich: »Meinst du wiiiirklich?«

Edgar: »Na klar! Komm, Theo, ich helfe dir. Wir machen das eben zusammen, dann hast du dieses Problem gelöst.«

Ich: »Weeeen du meiiiinst! Hi! Hi!«

Sehr geehrte Frau Nelkenkötter!
Vermutlich haben sie mich angerufen.
Ich befand mich im Urlaub und war sturzbetrunken.
Zurückrufen konnte ich auch nicht. Ich hatte einen Filmriss, konnte mich nicht an das Gespräch erinnern und den Anruf nicht zurückverfolgen, weil eine Freundin mein Handy in den Pool geworfen hat.

Bitte entschuldigen Sie.

Mit freundlichen Grüßen

Ihr Theo

Edgar: »Siehst du Theo, so schnell wird man Probleme los.

Gib mir den Brief mit, ich schicke ihn für dich ab.«

Das Wachwerden ist ganz anders als nach einem Alkoholvollrausch mit Filmriss. Ich kann mich an alles erinnern, etwa dass mir furchtbar übel wurde und
dass ich mir alles noch mal durch den Kopf gehen ließ. Also jedenfalls alles, was ich vorher zu mir genommen hatte. Und dass ich einen total bekloppten Brief geschrieben hatte, den Edgar auch noch mitgenommen hat.

Nein! Bitte nicht! Sofort rufe ich Edgar an. »Hallo Edgar!«

Edgar: »Hallo Theo! Toller Abend gestern!«

Ich: »Edgar, hast du den Brief noch?«

Edgar: »Theo, mach dir keine Gedanken. Als ich nach Hause kam, fuhr mein Nachbar zur Arbeit. Der arbeitet in der Verwaltung und hat den Brief schon übergeben.«

Mein nächster Anruf gilt Annika. »Hallo Annika, ich brauche Hilfe.«

Annika: »Theo, ich weiß. Natürlich bin ich für dich da. Wann sollen wir uns treffen?«

Ich: »Es ist dringend! So schnell es irgendwie geht.«

Schon wenig später sitze ich in Annikas Praxis.

Ich: »Annika, ich habe eine gute Nachricht. Bei meinem letzten geselligen Anlass habe ich keinen harten Alkohol getrunken.«

Annika: »Das ist doch super, Theo! Und warum bist du jetzt hier?«

Also erzähle ich ihr alles.

Ich: »Annika, was soll ich tun?«

Annika: »Theo, kannst du nicht woanders arbeiten? Es gibt noch viele andere Firmen als Pfennigfuchs.«

Ich: »Annika, ich werde nie wieder eine annähernd so gute Arbeitsstelle bekommen.«

Annika: »Aber du wirst doch geistig gar nicht gefordert bei diesem Auslieferungsfahren.«

Ich: »Annika, um kreativ zu sein, habe ich doch mein Mecklenburgprojekt gegründet und den Bienenverein. Aber um Geld zu verdienen, werde ich mit meinem Lebenslauf niemals etwas Besseres finden als diesen LKW-Job.«

Annika: »Du wirst in dieser Firma niemals mehr aufsteigen können.«

Ich: »Aber es ist immer noch besser, dort als Fahrer zu arbeiten, als in irgendeinem dubiosen Unternehmen Direktor zu sein und keinen Lohn zu bekommen.«

Annika: »Theo, dann bleibe dort. Bleibe unauffällig. Die Zeit heilt alle Wunden. Jedenfalls so halbwegs.«

So wirklich besser geht es mir nicht nach diesem Gespräch. Aber Annika hat doch noch eine nette Überraschung, um meine Stimmung aufzubessern. Am Wochenende haben die drei A`s zum Tee eingeladen. Maria und ich sind ebenfalls eingeladen.

Veras Flüchtlinge haben sich schon super in unser Leben integriert. Es sind drei total angenehme Menschen, hilfsbereit, tolerant, einfach sympathisch. Über diese Einladung freuen Maria und ich uns wirklich. Das Wochenende ist gerettet.

Es ist eine schöne Party. Aus der Einladung zum Tee wird eine spontane Party. Nicht nur das Wetter ist schön, auch die Stimmung ist hervorragend. Wir haben uns viel zu erzählen. Die drei A´s haben schon viel Deutsch gelernt und eine Menge zu erzählen, über Afghanistan, über die Flucht und ihre Erfahrungen in ihrer neuen Heimat.

Und wo wir alle gerade einmal so gemütlich zusammensitzen, kommen wir selbstverständlich auch auf das Thema Mecklenburg zu sprechen. Vera hat einige Interessenten. Bald soll ich mich mit ihnen in Mecklenburg vor Ort treffen.
Ich freue mich, aber Maria ist etwas zurückhaltend. »Fahr du mal mit dem Tom allein dort hin.«

Zu fortgeschrittener Stunde hat Vera noch eine hammermäßige Überraschung für mich. Ihre Immobilienfirma besitzt eine Kneipe, die sich nicht mehr verpachten lässt. Seitdem in Gaststätten Rauchverbot herrscht, schließen immer mehr Gaststätten und statt Geselligkeit hängen die Leute einsam zu Hause rum. Das ist auf jeden Fall viel gesünder, und wo kommen wir hin, wenn das Volk selbst entscheiden darf, ob es sich Zigarettenqualm aussetzen will oder nicht. Diese Gaststätte steht schon lange leer. Vera gibt mir die Schlüssel. »Du brauchst doch bestimmt ein Vereinslokal für deinen Wildbienenverein.«

Als ich die Gaststätte sehe, haut es mich fast um. Es gibt einen Saal, eine Kegelbahn und viele Nebenräume. Dort können wir Pflanzensamen und Bodenbearbeitungsgeräte lagern, Insektenhotels bauen und uns auf komfortabelste Weise treffen. Sogar eine Küche ist vorhanden und der Zustand der Immobilie ist einwandfrei. Ich bin total gerührt. Das ist eine tolle Überraschung! Niemals hätten wir uns Derartiges leisten können. Wieder spüre ich, dass alles gut wird. Irgendwie wird alles funktionieren. Braunbären haltet durch, ich komme!

Um dem Berufsverkehr zu entkommen, fahren mein Vierbeiner und ich schon um 1 Uhr morgens los. Gegen Nachmittag werde ich mich mit den Interessenten in Mecklenburg treffen. Ich bin gerade losgefahren, als die Nachrichten im Radio laufen. Dabei bin gar nicht richtig bei der Sache, horche aber auf, als die Sprecherin von dem Despoten Viktor Orban spricht. Ich weiß gar nicht, worum es genau geht, aber das Wort Despot gehört meiner Meinung nach nicht in eine Nachrichtensendung. Schließlich sind Nachrichten dafür da, mich zu informieren, nicht, um Wertungen zu verbreiten. Einen adeligen Gewaltherrscher bezeichnet man als Despoten. Orban ist demokratisch gewählt und hat einen großen Rückhalt in der ungarischen Bevölkerung. Bestimmt habe ich mich verhört, denke ich.

Eine Stunde ist vergangen. Die nächste Nachrichtensendung läuft. Wieder wird Orban als Despot bezeichnet, weil er Flüchtlinge nicht weiterreisen lässt. Nun ist es mir sogar als recht Uninteressierter geläufig, dass nach europäischem Recht Asylverfahren in dem Land abgewickelt werden, in dem der Asylsuchende Europa betritt. Ich frage mich, warum Orban dafür angegriffen wird, vor allem in einer Nachrichtensendung.

Ich komme gut durch, komme schon morgens in Wismar an. Weil wir uns erst gegen

Nachmittag auf dem Grundstück treffen wollen, fahre ich in Richtung Hafen, um Fischbrötchen zu kaufen.

Vor mir fahren mehrere Reisebusse. Handgemalte Plakate hängen in den Scheiben: »Refugees Welcome«

In den Bussen sitzen aber keine Refugees. Eher so eine Art Ökos.
So wie mein Ziel ist auch deren Ziel der Hafen.

Nanu, was ist denn hier los? Im Hafen wimmelt es von Polizisten. Jetzt werde ich neugierig. In Dortmund kenne ich so etwas, wenn unser Ballverein spielt. Aber was ist denn hier in diesem ruhigen beschaulichen Wismar wohl los?

Tom und ich stiefeln los und begeben uns auf die Suche nach Fischbrötchen und dem Geheimnis des Polizeiaufgebotes und der Reisebusse.

Als erstes entdecken wir die Fischbrötchen, mehr zur Freude von Tom als zu meiner eigenen Begeisterung. Dann entdecke ich eine Bühne und begreife langsam.

Hier findet eine Kundgebung einer recht jungen Partei statt. Viele sagen, diese Partei sei zurzeit die einzige echte Opposition zu den etablierten Parteien. Und die etablierten Parteien behaupten, diese Partei sei äußerst rechts.

Selbstverständlich mache ich um Rechts einen großen Bogen. Schließlich möchte ich doch nichts mit Leuten zu tun haben, die Krieg, Massenmord und Intoleranz verkörpern. Aber ist dies wirklich eine antidemokratische, faschistische Partei? Vorher war diese Partei schon einmal Thema bei einem Grillabend. Zu meinem großen Erstaunen hatte der gute alte erfahrene Wolfgang ganz anders reagiert, als ich vorher geglaubt hätte. Er sagte, die Thesen dieser Partei seien dieselben, welche einige Jahre zuvor auch noch die Spitzenpolitiker der etablierten Parteien selbst geäußert hatten. Damals hätte aber niemand in diesem Zusammenhang von besorgniserregend rechts gesprochen. Und den Vorwurf, die Partei sei nicht demokratisch, veranlasste Wolfgang zu einem lauten Lachkrampf. Wolfgang hält das für reine Angstmache, damit die Wähler ja bei den alten Parteien bleiben. Was für ein Zufall, nun kann ich mir hier vor Ort selbst ein Bild machen. Gespannt warte ich darauf, was diese Partei auf einer solchen Kundgebung zu sagen hat.

Schon wenig später geht die Veranstaltung los. Abwechselnd halten Politiker Reden. Tom und ich stehen mit etwas Abstand zur Bühne unter den wenigen Zuschauern. Besser gesagt steht Tom nicht, sondern er liegt, weil er gerade zwei leckere Fischbrötchen verdaut.

Ein paar Meter hinter meinem Rücken ist eine Absperrung aufgebaut. Und hinter dieser Absperrung stehen bedeutend mehr Leute als Menschen auf der Bühne und im Zuschauerbereich zusammen. Hinter dieser Absperrung stehen die Insassen der Reisebusse.

Und damit nicht genug! Immer wenn auf der Bühne jemand etwas sagt, fangen zig Trillerpfeifen an zu tosen und laute Sprechchöre rufen: »Wir wollen keine Nazipropaganda, wir wollen keine Nazi-propaganda, wir ...«

Anfangs hoffe ich, dass die bald aufhören. Schließlich würde ich gern verstehen, was dort gesprochen wird. Ob das gut oder schlecht ist, kann ich danach entscheiden. Aber man muss die Leute doch wenigstens mal zu Wort kommen lassen.

Also wende ich mich Richtung Absperrung und frage einfach nach, ob sie nicht etwas leiser sein könnten, ich möchte gerne zuhören und dieses Verhalten finde ich unhöflich.

Als Reaktion ernte ich hasserfüllte Gesichter und die Sprechchöre werden noch lauter als zuvor. Und immer wieder das Gleiche: »Wir wollen keine Nazipropaganda, wir wollen ...«

Das finde ich nicht nur mir gegenüber unhöflich. Jeder muss doch das Recht haben, seine Meinung zu äußern. Danach kann man immer noch diskutieren. Aber jemanden gar nicht zu Wort kommen zu lassen gefällt mir einfach nicht. Aus Trotz warte ich jedoch jedes Mal darauf, dass die Rednerin oder der Redner das Mikrofon senkt und innehält. Dann fange ich provokativ an, überschwänglich zu applaudieren. Obwohl ich nicht die geringste Ahnung habe, was dort gerade gesagt wurde. Angesichts der Situation finde ich meinen Beifall jedoch als gerecht.

Dann betritt eine Politikerin die Bühne, die ich schon mal auf Fotos in der Presse gesehen habe. Ich glaube, sie ist die Parteivorsitzende. Mensch, wenn mir die sogar bekannt vorkommt, ist das bestimmt eine richtige Prominente. Da mach ich doch mal gleich ein Foto mit dem Handy.

Tom ist der ganze Zirkus völlig egal Er verdaut gerade seine Fischbrötchen, und wie ich ihn kenne, träumt er gerade von einem leckeren Knochen als Nachtisch. Die Leine hängt schlaff an meinem Handgelenk herunter, als ich die Arme nach oben halte, um zu fotografieren. Gerade als ich ein Foto schieße, werde ich von hinten gestoßen. Mein Handy fällt zu Boden und ich sehe sofort, dass das Display zerbrochen ist. Von hinten hatte sich von mir unbemerkt ein junges Mädel angeschlichen und mir den Stoß verpasst. Als ich mich zu ihr umdrehe, sehe ich noch, wie sie triumphierend die Arme hochhält und die Demonstranten ihr Applaus spendieren.

Das Mädchen, ziemlich dünn, zwei Zöpfe, ökomäßig gekleidet, verschwindet wieder in die Richtung, aus der es gekommen war, hinter die Absperrung.

Das geht doch nicht. »Hallo, junge Frau! Sie haben mich angestoßen, jetzt ist mein Telefon heruntergefallen.«

Das Mädchen geht einfach weiter. Ich ziehe an Toms Leine »Komm Tom, aufstehen!« Tom liegt immer noch auf dem Boden und ist weiterhin desinteressiert. Er träumt wahrscheinlich nach wie vor von weiteren Knochen und Fischbrötchen.

Also ziehe ich meinen Köti hinterher und bewege mich Richtung Absperrung.

Weit komme ich nicht. Denn wie aus dem Nichts bin ich sofort von Polizisten in Kampfmontur umzingelt. »Sie gehen nicht weiter!«

Jetzt bin ich aber erleichtert, dass hier so viel Polizei präsent ist. »Das Mädel hat mich gestoßen, nun ist mein Handy kaputt.«

Noch ist das Mädel nicht ganz verschwunden. Die Polizisten werden das jetzt bestimmt regeln.

Ein besonders großer, kräftiger Polizist baut sich mit verschränkten Armen vor mir auf. »Keine Diskussion, Sie gehen nicht weiter. Bitte verlassen Sie den Platz, aber benutzen Sie den Ausgang zur anderen Seite. Keine Widerrede, das ist ein Platzverweis.«

Schon steht mir ein ganzer Trupp Polizisten gegenüber, gekleidet in modernen dunklen Kampfanzügen. Sogar Helme tragen sie, haben lange Knüppel in der Hand. Und Pistolen haben sie auch bei. Und die Männer schauen mich auch gar nicht nett an. Kleinlaut wage ich noch mal, mein Handy zu erwähnen. Aber man lässt mich gar nicht mehr richtig zu Wort kommen.

»Entweder Festnahme oder Abgang. Und zwar in die andere Richtung.«

Ups! So endet also die erste politische Kundgebung, die ich je in meinem Leben besucht habe. »Komm, Tom. Wir gehen! Heute gibt es kein drittes Fischbrötchen.«

Die Sache mit dem Handy ist äußerst ärgerlich. Das Telefon ist total kaputt und nicht mehr funktionsfähig. Vera hatte meinen Interessenten die Handynummer gegeben, falls sie das Grundstück nicht finden. Nun bin ich unter dieser Nummer nicht mal erreichbar.

Das Grundstück liegt am Rande eines abgelegenen Minidörfchens. Schon gegen 14 Uhr kommen Tom und ich dort an. Eigentlich bin ich mir sicher, der Erste zu sein. Aber da läuft doch schon jemand herum.
Es ist eine Anja aus Leipzig, etwa ein Jahrzehnt jünger als ich und ordentlich gekleidet. Die Frau macht einen soliden Eindruck.
Anja: »Ich habe Landwirtschaft und Biologie studiert, bin total tierlieb und habe mein Leben darauf ausgerichtet, Gutes zu tun. Theo, dein Projekt interessiert mich sehr.«

Geplant hatte ich zu warten, bis alle da sind und dann eine einzige Führung zu machen. Aber da es noch so früh und Anja so interessiert ist, mache ich schon mal eine Sonderführung.
Dies ist das alte Wohnhaus. Strom, Wasser und alles andere muss erneuert werden, aber das

Gebäude ist zweitrangig. Wir können es provisorisch herrichten und Dinge darin lagern. Das Grundstück führt als langer Streifen aus dem Dorf hinaus, einen Hang hinauf und auf der anderen Seite herab. Sobald man die Kuppe passiert hat, sieht man nur noch Felder und befindet sich in purer Natur. Ich zeige, wo es sich anbietet, Stellplätze für Wohnwagen zu errichten, einen Schwimmteich anzulegen, eine Wiese zum Sonnen herzurichten und einen Grillplatz einzurichten.
Anja ist entzückt. Ich habe ein gutes Gefühl. Auf dem höchsten Punkt des Grundstückes bleibt sie lange stehen und schaut verträumt in alle Richtungen. »Das ist wirklich ein riesiges Grundstück. Daraus kann man viel machen.«

»Ganz mein Reden!« freue ich mich.

Anja schaut mich verlegen an. »Können wir hier auch Bären helfen?«

Ich: »Selbstverständlich! Natürlich pflanzen wir hier auch Beerenpflanzen an. Schau mal, hier am Rand habe ich schon Weißdorn angepflanzt.«

Anja schaut noch verlegener als vorher. »Das mit den Beerenpflanzen finde ich gut. Aber ich meine Braunbären.«

Nun bin ich doch etwas sprachlos. Bevor ich etwas sagen kann, fährt sie fort. »Keine Angst, ich weiß, dass das nicht geht. Aber ich war letzten Monat in Bulgarien. Da hab ich so eine arme Bärenfamilie gesehen. Die geht mir einfach nicht aus dem Kopf.«

Ich: »Liebe Anja, das muss dir nicht peinlich sein. Ich mag es, wenn man sagt, was man denkt.«

Für einen kleinen Augenblick herrscht Stille. Dann bricht die völlige Erleichterung aus dieser netten Frau heraus: »Dann gibt es doch noch Hoffnung!«, wiederholt sie ständig und erzählt mir von einer schrecklichen Begegnung. In einem dunklen Verschlag hat sie durch Zufall eine Bärin mit zwei Jungen entdeckt. Die Bärin wurde als Tanzbär gehalten. Eigentlich sollte es so etwas nicht mehr geben dürfen, und der Besitzer arbeitet nun in einem Hotel. Aber er hat die arme Bärin trotz offziellem Tanzbärverbot behalten und verdient sich mit kleinen Privatvorführungen für die Touristen ein zusätzliches Taschengeld. Die arme Bärendame ist völlig verhungert und eingeschüchtert. Ihre Zähne hat der Besitzer abgeschliffen. Sie hat einen Ring durch die Nase, die Nase ist entzündet. Sie hat ständig Hunger. Aber statt Futter bekommt sie regelmäßig Schläge mit einer verrosteten Eisenstange. Einmal hatte ihr Besitzer vergessen, die Tür von ihrem Verlies zu verriegeln. Trotzdem traute sich die arme Bärendame nicht, zu fliehen. Erst als in der Nacht ein stattlicher, freilebender Bärenmann vorbeikam, eilte sie zu ihm. Ausgehungert nach allem Lebenswerten machte sie sich mit ihrem Bärenmann auf die Flucht. Weit kamen sie nicht. Ein Wilddieb hatte die beiden auf einer Lichtung entdeckt. Den Bärenmann hat er sofort erschossen. Die Bärin hat er wiedererkannt. Er suchte sich einen Knüppel und scheuchte Bärbel zurück in ihr Verlies. Gerade einmal 5 Stunden hatte ihr Leben in Freiheit gedauert. Dann war ihr wieder alles genommen worden.

Einige Monate später wunderte sich ihr Besitzer darüber, dass Bärbel immer mehr zunahm. Obwohl er sie kaum fütterte. Natürlich reduzierte er darauf ihre eh schon spartanischen Mahlzeiten. Trotzdem brachte sie neun Monate nach ihrem einzigen Lichtblick in ihrem Leben zwei junge Bärenkinder zur Welt. Bärtram und Bärtrude.

Seitdem ist Bärbels Besitzer zum Kerkermeister der kleinen Bärenfamilie aufgestiegen. Seinen Nachbarn erzählt er stolz, er bringe den kleinen Bären sofort Disziplin bei, indem er sie anbrüllt, tritt und schlägt. Das dunkle, kalte, kaum jemals gereinigte Verlies war schon für Bärenmama Bärbel viel zu klein.

Nun vegetierten sie dort zu dritt. Immer wenn sich jemand diesem Verlies nähert, suchen Bärtram und Bärtrude Schutz bei Mutter Bär. Tapfer versucht Bärbel, ihren beiden Kindern ein sicheres Gefühl zu geben. Aber dies gelingt nicht gut, denn sie hat selbst bei jeder Bewegung und jedem Geräusch Panikattacken. Anja weint, während sie mir diese Geschichte erzählt.

Und ich würde am liebsten alles stehen und liegen lassen und sofort nach Bulgarien fahren, um die Familie Braunbär zu holen.

Da ich aber kein Gefühlsmensch, sondern ein totaler Vernunftmensch bin, der grundsätzlich immer nur rationale Entscheidungen trifft, bremse ich Anja erst einmal. Sanft mache ich ihr klar, dass wir gern gemeinsam über eine Rettung nachdenken können. Aber es wird nicht leicht und wir müssen erst viele andere Dinge schaffen. Wir müssen erst einmal dieses Grundstück herrichten und damit die Möglichkeiten schaffen.

Das sieht Anja ein. Und sie ist äußerst motiviert. Alles soll schnell gehen. Außerdem bräuchten wir ein Konzept. Sie kenne einen Professor, der würde uns bestimmt für einen Freundschaftspreis von zwei-, dreitausend Euro ein Konzept für unser Vorhaben entwerfen.

Ich: »Negativ liebe Anja. Dieses Geld habe ich nicht. Das Konzept müssen wir selbst machen. Durchführen müssen wir dieses Konzept auch selbst.«

Um 15 Uhr stehen Anja und ich in der Grundstückseinfahrt. Allein! Niemand Weiteres ist gekommen. Tom habe ich an die Leine genommen. Der findet so einen Tag mit Herrchen klasse. Anja und ich sind etwas enttäuscht.

Gerade wollen wir die Hoffnung aufgeben, dass noch jemand kommt, als Tom mich hinter einen Holzschuppen zieht. Und da steht ein junger Mann etwa 25 Jahre alt, sportlich, kräftig, gut gebaut, die Haare kurz geschnitten. Eigentlich hat er ein hübsches Gesicht. Aber sein Gesichtsausdruck ist etwas, naja, wie soll ich sagen? Hinterhältig! Aber das hat nichts zu sagen. Nach dem Aussehen urteile ich grundsätzlich keine Menschen. Das kenne ich doch von mir selbst. Als Hässlicher und auch noch Dicker werde ich ständig für dumm und faul gehalten. Was ich nach meiner Auffassung nicht bin. Jedenfalls nicht in dem Maße, wie Andere das bei mir annehmen. Trotzdem bin ich in diesem Fall etwas voreingenommen. Wo kommt der denn plötzlich her? Und wie er angezogen ist? Er trägt Tarnkleidung. Haben wir hier etwa ein Militärmanöver?

»Hallo, ich bin der Kevin, kann ich hier sofort einziehen?«

Ich: »Häh!«

Kevin: »War nur ein Scherz! Bin ich hier richtig, wegen dem naturistischem Freizeit- und Gnadenhof?«

Ich komme gar nicht zur Antwort. Da ruft eine junge Frau von hinten: »Gnadenhof für Tiere? Dann bin ich hier richtig. Mensch, was hab ich euch gesucht.«

Eine junge Frau, gekleidet mit Wollrock und vermeintlich selbst gestricktem Pullover steigt von einem Hollandrad.

»Hallo erst mal, ich bin die Greta! Voll toll, dein Projekt! Dann lass uns mal angreifen.«

 »Ja gut« sage ich. »Dann führe ich euch mal rum.«

Und schon beginnt die nächste Führung.
»Hier würde ich den Grillplatz bauen.«

Ein gellender Aufschrei: Greta schaut mich fassungslos an. »Was willst du denn hier grillen. Etwa Tiere?«

Ich: »Na ja. Eigentlich schon.«

Greta: »Ich esse doch keine Tiere!«

Ich: »Greta, das finde ich lobenswert. Ich möchte auch nicht, dass es irgendeinem Tier schlecht geht. Auch möchte ich liebend gern möglichst auf Fleisch verzichten und wenn ich Fleisch esse, dann aus artgerechter Haltung. Aber ich bin leider nicht so weit, dass ich komplett darauf verzichten kann. Ich grille gerne.«

Greta nun etwas versöhnlicher: »Dass du gerne grillst, sieht man dir auch zweifellos an! Aber daran können wir ja noch arbeiten.«

Gerade will ich mit der Führung weitermachen, fängt Greta schon wieder hysterisch an zu schreien: »Was ist das denn für ein Auto. Das ist doch ein SUV! Wo kommt der denn her?«

»Das ist meiner«, antworte ich ganz stolz!

Greta offensichtlich kurz vor einem Nervenzusammenbruch: »Du fährst einen ES JUUU WIIIIH!«

Ich: »Ja, das ist echt eine super Sache!«

Greta: »Das ist keine super Sache! Das ist eine Katastrophe. Theo, spinnst du?«

Greta sieht ganz entsetzt aus. Mal schauen, ob sich das noch steigern lässt: »Ja, bestimmt spinne ich. Aber doch nicht wegen dem Wagen. Und ein Cabrio habe ich auch noch zuhause, außerdem ein Motorrad. Und weil ich leider nicht alles gleichzeitig fahren kann, lasse ich zuhause alle Motoren laufen und erfreue mich an den Geräuschen und Abgasen.«

Gerade will ich weitersprechen, da kommt ein Kombi aus Bayern angerollt und hupt. Auf der Heckklappe prangt ein großer Aufkleber: "Labohs".

Im Wagen sitzt ein ungefähr 50-jähriges Ehepaar.

Die beiden haben die Fenster unten.
»Mia hatdn uns vafahrn, woidn oruaffa, aba niemand gäd os Telefon.«

Irgendwie kommen mir die beiden bekannt vor.

Ich: »Das tut mir leid. Mein Handy ist kaputtgegangen. Kennen wir uns schon?«

Die beiden schauen mich grübelnd an. Und plötzlich fällt der Groschen bei uns dreien gleichzeitig. Ja, natürlich. Das ist das Ehepaar Nobeldress von Fuerteventura!

Ich: »Kommt, steigt aus, ich mache gerade eine Führung übers Grundstück.«

Er parkt zackig den Wagen ein. Dann steigen sie aus.
Selbstverständlich nobelst gekleidet. Alles von Labohs! Überall prangt der Labohs-Schriftzug und das dazugehörige Wildschwein. Beide tragen leichte Jacken, Reißverschluss geöffnet, darunter helle Oberteile und sogar Wanderschuhe derselben Marke. Und ansonsten - NICHTS: Hosen, Unterwäsche - Fehlanzeige!

Fassungslos schaue ich die beiden an. »Habt ihr nicht etwas vergessen?«

»Wieso? Is doch FKK do, oda ned?«

Um Fassung ringend stehe ich da. Mir fällt gerade echt nicht ein, was ich jetzt antworten kann. Da kommt mir Greta zuvor: »Welchen Rasierer benutzt ihr? Ihr seid ja superglatt rasiert!«

Frau Nobeldress: »Des is da neie Renningwoif. A bärigs Gerät!«

»Vom Rennigwolf habe ich auch schon gehört! Aber da kommt man doch ganz schwer ran. Ich habe schon alles versucht«, wacht Kevin jetzt aus seiner bisherigen Sprachlosigkeit auf.

Anja antwortet enthusiastisch: »Rennigwolf, den Namen muss ich mir merken. Wo gibt es den zu kaufen?«, antwortet Anja enthusiastisch.

Auch das noch! Von hinten nähert sich ein Nachbar aus dem Dorf. Er kommt mit seinem Dackel direkt auf uns zu. Bitte nicht! Das ist doch der Herr Fährmüller. Der hatte mir mal vor vielen Jahren Fotos und Unterlagen des Dorfes geliehen, historische Unikate. Ich wollte zuhause Kopien anfertigen lassen. Dann trennte ich mich von meiner damaligen Lebensgefährtin und diese vernichtete aus Rache zu mir die Unterlagen.
Seitdem ist Herr Fährmüller stinksauer, berechtigterweise.
Nun stehe ich mit Halbnackten am Wegesrand und diskutiere über Haarentfernung im Genitalbereich!

Ich brauche Alkohol! Sofort! Habe ich nicht noch eine Flasche Wodka in meinem SUV?
Hastig drehe ich mich um in Richtung Auto und starre in ein weiteres Augenpaar.
Ein junges Mädchen. Zwei Zöpfe, ökömäßig gekleidet!

Ich: »Du!!«

Sie: »Du??«

Es ist die Telefonvernichterin von heute Morgen.

Sie: »Ich habe versucht anzurufen, aber niemand meldet sich.«

Ich: »Heute Morgen hat mir jemand mein Telefon aus den Händen gestoßen. Jetzt ist es kaputt.«

Sie: »Das tut mir leid! Ich dachte, du seist ein Nazi!«

Ich: »Nazi! Ich?«

Sie: »Na gut«, trällert das junge Fräulein, »fangen wir einfach noch mal von vorne an. Hallo, ich bin die Magarete! Aber alle nennen mich Greta. Und wie heißt du?«

Ich: »Hallo Greta! Ich heiße Adolf, arbeite bei Gazpromm und das ist mein Hund Blondi.

Kevin schaut mich ganz verdutzt an: »Du heißt gar nicht Theo? Du heißt Adolf? Den Namen kenne ich irgendwoher. Der sagt mir was! Bist du ein Prominenter?«

»Ich glaube, der Theo meint das nicht ganz ernst«, meldet Greta1 sich zu Wort. »Aber mit Theo stimmt irgendetwas nicht. Theo fährt SUV und isst Fleisch.«

Greta-Handy: »Und er könnte eventuell tatsächlich ein Nazi sein. Dabei müsste er doch selbst mitbekommen haben, was der Nationalsozialismus für schlimme Dinge anrichtet. So alt wie Theo ist, müsste er das alles noch hautnah miterlebt haben.«

Alle Blicke sind auf mich gerichtet.
Kevin: »Wie alt bist du, Theo?«

Ich: »Ich bin 1968 geboren.«

»Tatsächlich«, sagt Kevin, »das war im 2. Weltkrieg.«

»Genau weiß ich das auch nicht. Aber ich glaube der Krieg war 1968 schon so gerade eben vorbei«, antwortet Greta1 zu Kevin.

»Aber warum wurdest du dann so, Theo?«, will Greta-Handy wissen.

»Ach, ihr Lieben. Ich hatte so eine schwere Kindheit. Statt in einen Kindergarten geschickt zu werden, haben mich meine Eltern selbst erzogen. Und als ich dann zur Schule ging, musste ich selbstständig dort hin und zurückkommen. Niemand hat mich mit dem Auto gefahren. Und wenn wir dann doch mal mit dem Auto zusammen irgendwo hingefahren sind, waren wir alle nicht

angeschnallt. Stellt euch vor. Ohne Gurt und Kindersitz.
Und ein Handy hatte ich auch nicht. Geschweige denn ein Smartphone.«

Greta-Handy: »Danke, danke, das reicht Theo. Wir haben Verständnis für dich. Bestimmt steckt aber ein guter Kern in dir. Wir werden dir helfen.«

Ich: »Ja Prost Leute. Lasst uns darauf anstoßen.«

Kevin: »Du, Theo, da habe ich etwas Besseres!«

Ich: »Absolut biologisch, ohne Kalorien?«

Kevin anerkennend: »Ja genau!«

Ich: »Nein danke!«

Alle anderen sind begeistert.

Es ist schon hell, als ich wach werde. Ich bin allein in dem alten Haus, in dem wir kampieren. Alle anderen sind schon aufgestanden und auf dem Grundstück unterwegs. Ich muss mich erst einmal sammeln und überlege verzweifelt, wie der gestrige Tag geendet hatte. Wir hatten die Luftmatratzen und Schlafsäcke in Position gebracht. Und dann?

Ja genau. Wir haben lange über die bulgarische Braunbärfamilie gesprochen. Zum Glück bin ich ja so ein rationaler Vernunftmensch. Es war mir so gerade eben gelungen, die anderen davon abzuhalten, die Bären sofort abzuholen. Das geht doch noch nicht. Erst einmal müssen wir hier für die richtigen Bedingungen sorgen. Bis wir so weit sind, werden wir nun alle, jeder für sich, regelmäßig Geld für Futter an den bulgarischen Besitzer überweisen. Und sobald wir das Grundstück so hergerichtet haben, dass wir den Bären ein schönes Zuhause bieten können, wollen wir sie abholen.

Was war gestern noch passiert? Ach ja. Kevin hatte sich kleidungstechnisch Horst und Helga angepasst. Dabei war eine Pistole aus seinem Hosenbund gefallen. Diese legte er auf den Stapel seiner fein säuberlich gefalteten Tarnkleidung. Als er dann begann zu erläutern, dass die BRD eigentlich gar nicht existieren würde und wir ja hier auf dem Grundstück ein eigenes Königreich gründen könnten, hatte ich schnell noch mal ein Glas Wodka runtergespült. Dann endet meine Erinnerung.

»So ein SUV ist ja doch ne tolle Sache!« Erschrocken drehe ich mich um. Greta1 ist zur Tür hereingekommen. Nun beginnt sie, sich auszuziehen und legt ihre Wollklamotten neben Kevins Tarnkleidung. Im Gegensatz zu Kevins Kleidung jedoch nicht ordentlich gefaltet, sondern einfach nur hingeschmissen. Am Haken an der Tür hängt Labohs´ Kleidung. Jedes Teil hat seinen eigenen Kleiderbügel. Alles ist so aufgehängt, dass die Labohs-Etiketten sichtbar positioniert sind.

Ich: »Na klar ist ein SUV ein tolles Auto, aber wie kommst du denn jetzt darauf?«

Greta1: »Ja wegen deiner Vorführung gestern Abend.«

Ich: »Vorführung? Was für eine Vorführung?«
Greta1: »Theo! Du bist doch hier wie ein Wilder durch das Gelände gebrettert mit deinem SUV. Hast uns abwechselnd mitgenommen und den Wagen erklärt.«

Ich: »Kann nicht sein. Ich fahre nicht betrunken.«

Greta1: »Theo, ich bitte dich. Schau doch mal durchs Fenster. Was siehst du?«

Und dann sehe ich es. Der ganze Wagen ist von oben bis unten voller Schlamm und im Feld gegenüber sind überall Reifenspuren.

Lieber Gott! Niemals wieder trinke ich harte Sachen, niemals wieder rauche ich Gras. Egal mit dem Übergewicht, ich kehre zurück zu meinem Bier.

Bevor wir alle in Richtung Heimat aufbrechen, höre ich noch mindestens 33 Mal, dass man erst einmal ein Konzept erstellen lassen sollte und wir uns demnächst hier wiedertreffen. Wir würden ja sehr gut zueinander passen.

Bevor ich auf die Autobahn fahre, steuere ich noch einmal eine Tankstelle an.
Es ist viel Betrieb, die Tankstelle ist rappelvoll. Beim Bezahlen fällt mein Blick auf die Tageszeitung.

Neonazi mit scharfem Hund greift junge, wehrlose Passantin an!

Darunter ein Foto: Tom und ich, wie wir von der Polizei aufgehalten werden und eine junge Frau mit zwei Zöpfen im Hintergrund.

Schnell setzte ich meine Sonnenbrille auf. Hoffentlich erkennt mich niemand.

Zu spät!

»Gut gemacht, weiter so, mein Guter!«, sagt ein Fremder zu mir.
Die anderen klatschen Beifall.

Wenn ich schon einmal in der Zeitung bin, kaufe ich diese auch.

Das Naziproblem wird immer extremer, lese ich. Spitzenpolitiker fordern, den Verfassungsschutz aufzurüsten und die Gesetze zu ändern, damit dieser effektiver arbeiten kann. Auch soll der Verfassungsschutz jetzt eine neue Abteilung bekommen, die den Inhalt von Internetkommentaren überwacht. Früher musste man sich selbstständig an ein Gericht wenden, wenn man sich beleidigt fühlte. Nun braucht man sich darum gar nicht mehr zu kümmern. Der Staat passt darauf auf, dass jeder nur Korrektes äußert. Das nenne ich echten Bürgerservice.

In Dortmund angekommen fragt mich Maria, wie es gelaufen ist.

»Super!«, antworte ich. »Ich bin auf dem richtigen Weg.«

Wolfgangs Geburtstag ist eine schöne Gelegenheit, mal wieder den kompletten Highlander-Clan zu treffen. Gemeinsam mit Vera und Annika sind Maria und ich von Dortmund nach Cuxhaven gefahren. Hier findet die Feier statt.

Highlander möchte wissen, wie weit ich mit dem Wildbienenverein bin.

Ich: »Ein Arbeitskollege macht noch mit und bei der nächsten Mecklenburgfahrt werde ich meine dortigen Mitstreiter auch noch fragen.«

Highlander: »Ich kann ja schon mal eine gemeinnützige Vereinssatzung aufsetzen.«

»Prima!«, bedanke ich mich bei unserem Kassenwart in spe.

Ich: »Du Vera, mein Arbeitskollege, der bei dem Bienenverein mitmachen möchte, hat mich gefragt, ob er ein paar Sachen in unserem Vereinslokal lagern darf, bis die Vereinsgeschichte richtig losgeht. Darf ich ihm die Schlüssel weitergeben?«

Vera: »Natürlich Theo, mach so, wie du meinst. Ich bin mit allem einverstanden.«

Maria: »Was sind das eigentlich für Pflanzen auf unserer Fensterbank im Wohnzimmer?«

Ich: »Die habe ich von Aywad geschenkt bekommen.«

Wolfgang mit seiner lauten Stimme: »Hanfpflanzen?«

Ich: »Ich glaube schon!«

Maria: »Ist das nicht illegal?«

Ich: »Meine Oma hat im Krieg auch Tabak angepflanzt, obwohl es verboten war.«

Maria: »Aber was sollen wir denn damit?«

Ich: »Keine Ahnung. Ich wollte aber nicht unhöflich sein, da habe ich das Geschenk angenommen.«

Vera: »Du Theo, wir haben ein Industriegrundstück umgebaut. Jetzt haben wir dort, ungefähr 200 Meter, gebrauchten Maschendrahtzaun herumliegen. Kannst du den für Mecklenburg gebrauchen.«

Ich: »Ja natürlich! Wenn wir auf dem Grundstück Tiere laufen lassen wollen, dann brauchen wir so einen Zaun. Das ist wirklich toll. Danke Vera!

Wann kann ich mit meinem Anhänger vorbei-
kommen?«

Aywad ist hocherfreut, als ich ihm die Schlüssel
überreiche.

Aywad: »Theo, kannst du mir noch einen
Gefallen tun?«

Ich: »Natürlich, lieber Aywad. Was kann ich für
dich tun?«

Aywad: »Mein Vater braucht Dünger für seinen
Garten. Du bist doch so gut im Internet
unterwegs. Kannst du den Dünger bestellen?
Ich hole ihn bei dir ab.«

Als ich den Dünger besorgt habe, ist Aywad
total begeistert.

Aywad: »Super, so günstig habe ich den noch
nie bekommen. Theo, du bist ein Naturtalent.«

Ein paar Tage später:

Aywad: »Du Theo, die Kumpels von meinem
Vater wollen auch alle diesen Dünger haben.«

Ich: »Kein Problem! Bestelle ich!«

Aywad: »Fast hätte ich es vergessen. Schau mal dieses Prospekt, solche Lampen brauchen wir auch noch.«
Ich: »Natürlich Aywad. Wie viele denn?«

Und so steige ich auf zum Chefeinkäufer für den Aywad-Clan.

Wenn die Sachen kommen, packe ich sie in meinen Anhänger, der vor dem Haus steht und wenn Aywad Zeit hat, holt er sie dort ab.

Aber nicht so an diesem Wochenende. Heute steht wieder eine Expedition nach Mecklenburg an. In dem Anhänger liegt ein Zaun, und ich befinde mich auf der Autobahn Richtung Nord-Ost.

Als ich ankomme, steht schon der Kombi aus Bayern auf dem Grundstück. Die Heckklappe ist geöffnet, die Ladefläche voller Teddybären. Horst und Helga sind bereits ausgestiegen. Die Tür vom Haus steht auch auf. Im Vorübergehen sehe ich im Flur mehrere Stapel mit Kleidung. Der Stapel Damenkleidung ist wohl von Anja. Dazu sehe ich einen Stapel Wollkleidung, zwei Stapel Nobeldresskleidung, einen Stapel Tarnkleidung und oben auf dem Stapel mit Wollkleidung liegt eine Pistole. Fehlt nur Greta-Handy, stelle ich fest. Ansonsten sind schon alle da.

Oben am Grillplatz angekommen sehe ich sie alle nackt im Kreis herumstehen. Horst hält etwas hoch, die anderen schauen ehrfürchtig auf den Gegenstand.

Ich: »Horst, führst du wieder deinen Renningwolf vor?«

Greta1: »Noch viel besser! Das ist der Renningwolf 2, ein ganz neues Modell.«

Die anderen nicken begeistert und sind so abgelenkt, dass sie den großen Bus gar nicht bemerken, der sich vom Dorf aus nähert und den Feldweg Richtung Grundstück entlangholpert.

Das Grundstück ist so groß und abgeschieden, dass wir normalerweise unter uns sind. Jetzt hält ein riesiger Bus bei uns, und wir nehmen ihn erst wahr, als dieser schon ganz nah bei uns ist.
Der komplette Bus ist dekoriert mit Banderolen. Aufschrift: *Refugees welcome* und *Wir wollen keine Nazipropaganda*.
Exakt auf unserer Höhe hält der Koloss. Die Insassen sind alle auf die Seite des Busses gestürmt, wo wir stehen, und drücken sich ihre Nasen an den Scheiben platt. Der große Bus neigt sich schon zur Seite. Dann geht vorne die Tür auf und der Bus spuckt eine junge Frau mit

zwei Zöpfen aus. Greta-Handy ist angekommen.

Greta-Handy: »Hallo ihr Lieben! Ihr seid ja schon alle da! Entschuldigt meine Verspätung. Dafür habe ich aber etwas ganz Tolles mitgebracht. Das wird euch interessieren.«

Greta-Handy wendet sich noch einmal zu dem Bus um und winkt. Ihre Freunde winken zurück, der Bus verschwindet in einer Staubwolke. Greta schaut etwas traurig hinterher. »Schade, meine Leute wären gern hiergeblieben. Aber die müssen heute noch zu einer Demo.«

Dann wendet sie sich uns zu, fingert geheimnisvoll einen Gegenstand aus ihrem Rucksack und hält ihn feierlich hoch. »Das, meine Lieben, ist der brandaktuelle nigelnagelneue Rennigwolf 2 Superedition!«

Nun sind alle hin und weg. Superedition! Vom neuen Modell! Eine wahrhaftige Supersensation. Für die nächste Viertelstunde geht es nur um Rasiertechnik.
Als sich alle etwas beruhigt haben, komme ich auch endlich mal zu Wort. »Greta, was ist das eigentlich für ein Reiseunternehmen?«

Greta-Handy: »Gewerkschaft! Das ist Papas Gewerkschaft. Die organisiert das alles. Wir brauchen uns um nichts zu kümmern und auch gar nichts zu bezahlen.«

Ich: »Und was sind das so für Leute in dem Bus?«

Greta-Handy: »Das sind alles superschlaue Typen. Wir sind alle total kritisch und wollen die Welt besser machen. Bist du denn mit unserer Regierung zufrieden, Theo?«

Ich: »Na ja, es könnte noch schlimmer kommen. Aber ich finde es schon merkwürdig, wenn alle anderen nur noch schlecht sein sollen und nur noch unsere Regierung glänzt.«

Greta-Handy: »Wie meinst Du das?«

Ich: »Wir hatten zum Beispiel ein gutes Verhältnis zu Russland. Gorbatschow hat uns sogar die Wiedervereinigung geschenkt. Heute ist der russische Staatslenker angeblich ein ganz Schlimmer. Wenn ich aber mit Russen spreche, sagen die mir, dass sie ihn mögen. Genauso sieht es aus mit der Türkei, den Engländern, den Polen, den Österreichern, den Ungarn, den Briten und jetzt sogar den Amerikanern. Das finde ich schon seltsam.«

Ich: »Mögt ihr denn unsere jetzige Regierung?«

Greta-Handy: »Selbstverständlich nicht! Wir kämpfen gegen alle. Hier schau mal. Das ist ein Aufkleber. Den schenke ich dir.«
Abgebildet ist das Foto einer Spitzenpolitikerin. Darunter steht: *Wozu 1. April, wir verarschen Euch das ganze Jahr.*

Den Aufkleber finde ich originell. Den nehme ich gerne an.

Die Damen sind mit wichtigeren Dingen beschäftigt: Renningwolf 2, vegane Sonnenmilch, Planung eines Konzeptes für das Grundstück, Maßnahmen zur Rettung von Familie Braunbär.

Den Zaun bauen Kevin und ich quasi gemeinsam auf.

Kevin: »Schau mal, Theo, da laufen Ritter durch das Dorf!«

Ich: »Kevin, wie viel von deinem reinbiologischen Tabak hast du heute schon geraucht?«

Kevin: »Doch ehrlich, guck doch mal!«

Tatsächlich! Oben vom Hügel schauen wir in das Dorf hinunter. Sonst ist hier der Hund begraben, beziehungsweise noch viel toter. Jetzt laufen merkwürdig gekleidete Leute herum und davon gar nicht so wenige. Es werden immer mehr. Dann fangen sie an, Zelte aufzubauen und Feuerstellen einzurichten.

Ich: »Kevin, habe ich heute Wodka getrunken?«

Kevin: »Nein, Theo.«

Ich: »Und ich habe auch kein Gras geraucht?«

Kevin: »Nein, Theo. Ich habe dir zwar etwas angeboten, aber du wolltest nicht.«

Ich: »Kevin, kannst du mir das erklären? Ich meine, was da unten im Dorf vor sich geht!«

Kevin: »Vielleicht wurde dort ein neues Königreich gegründet. Wusstest du schon, dass die Bundesrepublik eigentlich gar nicht existiert?«

Ich: »Ja, du hast das schon mal erwähnt. Damals dachte ich, du hast einen Hau, aber heute ...?«

Die Neugier siegt mal wieder. Ich gehe runter ins Dorf und frage nach. Es findet ein Mittelalterspektakulum statt. Und dann sehe ich Herrn Fahrmüller in einem Pulk von Helfern. Alle sind mittelalterlich gekleidet. Fahrmüller gibt das Kommando an. Und dann beginnen sie, ein haushohes Monster von Steinschleuder zu testen. So etwas haben weder Kevin noch ich jemals zuvor in unserem Leben gesehen. Hier in der Einöde bekommt man richtig was geboten. Riesige Steine fliegen zig Meter weit und schlagen irgendwo ein. Kevin ist als Waffennarr fasziniert, ich denke nur: Leute trefft bitte nicht mein Haus.

Am Abend testen die Anderen biologisch einwandfreies Gras. Kevin scheint dafür eine ergiebige Quelle zu besitzen. Ich selbst bleibe eisern. Gras ist eh nichts für mich und auch von Wodka und anderen harten Sachen lasse ich wohlweislich meine Finger, auch als Kevin wieder von seinem Königreich anfängt und auch als mich die beiden Gretas löchern, ob ich ein verkappter Rechter wäre.

Greta-Handy: »Warum sind hier nur Deutsche in deinem Projekt? Das ist doch diskriminierend. Wir sollten eine Flüchtlingsquote einführen! Und eine Islamquote!«

Greta1: »Theo, hast du etwas gegen Ausländer?«

Ich: »Nein, meine Lieben. Aber ich verstehe auch die Leute, wenn sie sich darüber aufregen, dass sie ungefragt enorme Beträge bezahlen sollen. Schließlich sind wir nur rund 30 Millionen Erwerbstätige in Deutschland. Wenn dann 1 Million Bedürftige dazukommen, ist das nicht unerheblich.«

Greta1: »Wenn es um Menschenleben geht, darf Geld keine Rolle spielen.«

Greta-Handy: »Theo, Theo. Du bist ja ansonsten ein wirklich netter Kerl. Aber ein wenig geizig bist du schon, oder?«

In dem Moment klingelt mein Handy.

Ich: »Wolfgang, mein Guter! Schön, von dir zu hören.«

Wolfgang (brüllt so laut, dass man ihn eigentlich von Cuxhaven bis Mecklenburg ohne Telefon hören müsste): »Hast du die Wildbienenpflanzen schon ausgesät, die ich dir geschickt hatte?«

Ich: »Nein, Wolfgang. Machen wir morgen. Heute haben wir den Zaun aufgestellt. Jetzt müssen wir uns erst einmal erholen.«

Wolfgang: »Hast du deine Truppe schon gefragt, ob sie auch bei deinem Wildbienenverein mitmachen?«

Ich: »Nein, wir waren bis jetzt gerade so im Stress, dazu war noch keine Gelegenheit.«

Wolfgang: »Dann ruf mich morgen mal an. Interessiert mich, wie alles gelaufen ist. Ich muss jetzt eh auflegen, denn ich muss den Fernseher anmachen, wegen des Länderspiels.«

Ich: »Ach ja, heute ist ja Fußball-Länderspiel!«

Wolfgang: »Das bezweifle ich eigentlich. Aber bis jetzt ist es noch nicht abgesagt worden.«

Ich: »Kannst du mir das näher erklären, warum soll das deiner Meinung nach abgesagt werden?«

Wolfgang: »Unsere Regierungsspitze ist als Ehrengast eingeladen. Aber die Stimmung ist so unten wegen der Flüchtlingskrise, die Fußballfans würden unsere Führungsetage garantiert richtig ausbuhen.«

Ich: »Wolfgang, die werden bestimmt trotzdem spielen.«

Dann krakelt Kevin: »Ach ja, das Länderspiel! Das will ich ja sehen!«

Ich: »Tschüss, Wolfgang, bis morgen.«

Kevin wird superaktiv. Als er angekommen war, hatte er sich wieder Helga und Horst angepasst. Seine Kleidung hat er ordentlich zusammengefaltet und seine Pistole oben auf den Stapel gelegt. Diese zückt er nun und beginnt, damit herumzufuchteln. Anja ruft ganz entsetzt: »Kevin, wir haben dir doch nichts getan, erschieß uns bitte nicht!«

Kevin: »Keine Sorge. Schaut mal, was ich jetzt zaubere.«

Und dann zieht und drückt er an der Pistole herum. Zieht verdeckte Schubladen auf, legt Hebel um, die man vorher gar nicht wahrgenommen hat. Schwups, wird aus der Pistole ein riesengroßer Fernseher.

Kevin: »Sogar mit Full HD und funktioniert ohne Strom.«

Ich: »Wo gibt es denn so etwas?«

Kevin: »Im Darknet.«

Kevin stellt den Fernseher an die Wand und schon läuft das richtige Programm.

Anja: »Oh, ah, das ist wirklich ein unglaublich tolles Gerät!«

Die anderen nicken ehrfürchtig.

Greta1: »Schaut mal, nächste Woche für 500 Euro im Angebot. Da werde ich mir gleich einen Zweiten holen.«

Ich: »Häh, hast du auch so ein Gerät.«

Und dann verstehe ich. Gemeint ist gar nicht Kevins Gerät. Gerade läuft Werbung: Für den Renningwolf 2 Rasierer!

Die Reklame ist vorbei, im Bild erscheint ein Reporter:

»Es ist eine unbekannte Bedrohung einge-treten. Das Spiel kann auf gar keinen Fall stattfinden. Die Zuschauer mögen bitte nach Hause gehen. Aber es gibt keinen Grund zur Panik.«

»Da! Da! Schaut mal«, ruft Greta-Handy plötzlich in einem sirenenartigen Tonfall.

Kevin: »Mensch, Greta, so schlimm ist das doch auch nicht, dass das Spiel ausfällt. Wir haben doch heute genug zu bereden.«

Greta-Handy: »Da! Seht ihr die Frau im Hintergrund?«

Tatsächlich, während der Reporter ausgiebig erklärt, dass irgendetwas so bedrohlich ist, dass ein Massenevent mit internationalen

Gästen kurzfristig abgesagt wird, aber trotzdem kein Grund zur Besorgnis besteht und man auch eigentlich gar nicht sagen könne, was eigentlich passiert ist, läuft im Hintergrund eine nette alte Dame, mit Dackel an der Leine, von Mülleimer zu Mülleimer. Sie holt eine alte zerknitterte, schon oft benutzte Plastiktüte aus ihrer Manteltasche und packt leere Pfandflaschen rein.

Greta1 völlig aufgebracht: »Ja! Ich sehe die alte Umweltsau! Warum nimmt die alte Schachtel keine Papiertüten? Das ist doch einfach unfassbar!«

Und nun wieder Greta-Handy (etwas kleinlaut): »Die Frau ist meine Oma Herta.«

Nun holt der Reporter einen hochrangigen Minister ins Bild.

Reporter: »Herr Superschlau, was ist der Grund Ihrer Entscheidung?«

Minister Superschlau: »Wir können angesichts einer solch üblen Bedrohung selbst das Pack, äh, äh ich meine mein Volk nicht einer solchen Gefahr aussetzen.«

Reporter: »Was ist denn eigentlich die Bedrohung?«

Minister Superschlau: »Das muss ich mir noch ausdenken äh, äh, will sagen, das kann ich zu diesem Moment aus sicherheitstechnischen Gründen nicht preisgeben.«

Reporter: »Die Gäste sind zum Teil aus fremden Ländern angereist. Das nächste große Stadion ist nur rund 50 Kilometer entfernt. Kann man das Spiel nicht einfach dorthin verlegen, beziehungsweise auf morgen verschieben.«

Minister Superschlau: »Das geht leider nicht. Die Stimmung wird sich bis morgen nicht ändern äh, äh, was sag ich da. Die Situation wird sich bis morgen nicht ändern. Ich sehe da zum jetzigen Zeitpunkt keine Möglichkeit. Jetzt ist erst einmal wichtig, dass wir alle heil aus dieser unfassbar bedrohlichen Lage herausbekommen. Aber, liebe Bürgerinnen und Bürger, machen sie sich keine Sorgen. Ich habe alles im Griff.«

Reporter: »Herr Superschlau, wie schaffen sie es, in einer derartig heiklen Situation einen so kühlen Kopf zu bewahren?«

Minister Superschlau: »Ich bin halt ein toller Typ und für meine Untertanen gebe ich immer mein Bestes.«

Reporter: »Vielen Dank, Herr Minister Superschlau für dieses Interview und vor allem
vielen Dank für ihre genialen Fähigkeiten.«

Kevin: »Der Superschlau ist echt ein geiler
Typ!«

Dann schaltet Kevin das Gerät ab. Ich nutze
die Gelegenheit, um Werbung für meinen
Wildbienenverein zu machen.

Anja: »Wildbienen sind sehr wichtig. Seit
meinem Studium interessiere ich mich dafür.
Ich kenne übrigens einen genialen Professor.
Der könnte für Kleingeld ein Konzept für
unseren Wildbienenverein erstellen.«

Helga Nobeldress: »Ist das ein FKK-Wild-
bienenverein?«

Ich: »Nein, Helga, aber dafür erfüllen wir dort
die Islamquote. Ein marokkanischer Arbeitskollege ist mit von der Partie.«

Horst Nobeldress: »Dann müssen Helga und
ich noch einmal eine Nacht darüber schlafen.
Nicht wegen dem Islam, aber so völlig
angezogen? Ob das etwas für uns ist?
Außerdem haben wir noch den kompletten
Kofferraum voll mit Teddybären. Die müssen
wir noch verteilen, wenn Flüchtlinge eintreffen.
Das geht ja auch nicht von allein.«

Greta-Handy hat zu wenig Zeit, denn es stehen gerade so viele Demonstrationen und vor allem Gegendemonstrationen an.

Es bleiben Kevin und Greta1 übrig. Die wollen mal schauen.

Am nächsten Tag säen wir noch den Wildbienensamen ein, dann trennen sich unsere Wege. Ich bin schon kurz vor Hamburg, da fällt mir auf, dass ich mein Portemonnaie vergessen habe. Also drehe ich um und fahre noch einmal zurück.

Wieder auf dem Grundstück angekommen, liegt der frisch aufgebaute Zaun ordentlich aufgerollt am Straßenrand. Ein Nachbar aus dem Ort steht daneben.

Ich rufe die Polizei. Rauskommen möchten sie nicht. Ich soll zur Wache kommen. Dort erzählt man mir, dass ich für so etwas doch keine Anzeige machen kann. Das ist doch kein Diebstahl, der Zaun ist ja noch da. Eventuell wäre das leichte Sachbeschädigung, aber der Zaun ist ja bestimmt noch heil. Also dafür nehmen sie keine Anzeige auf.

Das erste, was ich zu Hause erledige, ist ein Kündigungsschreiben an meine Gewerkschaft.

Nun ist eine Woche vergangen. Ich belade gerade meinen Gemüselaster in der Firma. Beinahe der gesamte Betriebsrat läuft an mir vorbei. Ich sage freundlich Guten Tag. Was müssen die für einen Stress haben? Scheinbar bemerken sie mich gar nicht, denn sie laufen grußlos an mir vorbei.

Vera ist am Apparat. Endlich kann auch ich ihr einen Gefallen tun. Die 3 A´s haben Abschlussfeier beim Integrationskurs. »Es wird später werden, kannst du sie abholen?« Eigentlich wollte sie das selbst erledigen, hat aber morgen früh einen wichtigen Geschäftstermin.

Na klar will ich. Nicht nur, um Vera einen Gefallen tun, sondern auch, um mich endlich mal bei den drei A`s erkenntlich zu zeigen. Immer wieder hatten sie mir unaufgefordert bei irgendwelchen Dingen geholfen. Und außerdem finde ich sie sehr sympathisch.

Am Treffpunkt hole ich Tom aus dem Kofferraum, gehe etwas spazieren, um mir die Zeit zu vertreiben und komme an einer Bushaltestelle vorbei. Überall Aufkleber: »Refugees welcome«. Ach, denke ich, hier platziere ich Gretas Aufkleber. Das passt zum Thema.

Gedacht, getan. Just in diesem Augenblick kommen auch die drei A´s um die Ecke. Tom springt wieder in den Kofferraum, wir steigen ein, die Fahrt geht los. Da kommt ein grauer Wagen aus der Seitenstraße, kann nicht mehr bremsen und fährt mir in den Kotflügel. Weil ich so stark bremsen muss, fährt ein anderes Fahrzeug von hinten bei mir auf.

Ich: »Jemand verletzt?«

Die drei A´s: »Nein, alles gut.«

Schnell steige ich aus und gehe nach hinten, um nach Tom zu schauen. Der wedelt mit dem Schwanz, mit ihm ist auch alles ok.

Jetzt steigt der Mann aus, der mir hinten aufgefahren ist.
Warum kommt der mir nur so bekannt vor. Und dann glaube ich, meinen Augen nicht zu trauen. Das ist doch der Mann, der mich im Taxi fotografiert hatte und dann abgehauen ist.
Ich schaue in sein Auto, auf dem Beifahrersitz liegt die Kamera mit dem riesigen Objektiv.

Ich: »Verfolgen sie mich?«

Bevor er antworten kann, antwortet eine andere mir bekannte Stimme auf die Frage. »Ja, natürlich tut er das!«, sagt Kevin, der aus dem Auto klettert, das mir in den Kotflügel gefahren ist.

Ich: »Kevin, was machst du denn hier?«

In dem Moment kommen auch schon zwei Streifenwagen mit Blaulicht angeschossen.
Die Polizisten springen mit gezogenen Waffen aus den Autos. »Hände hoch!«

Ich: »Wer?«

Polizisten: »Du, wer denn sonst?«

Kevin zu den Polizisten: »Darf ich mich vorstellen, Kevin Scharfsiehn vom Verfassungsschutz! Verhaften sie die vier Männer. Der Dicke da ist ein Nazi! Die drei Afghanen müssen wohl islamische Terroristen sein.«

Polizisten: »Aber das passt doch gar nicht zusammen!«

Kevin: »Jungs. Ihr seht doch mit eigenen Augen, dass die zusammen in einem Auto unterwegs sind. Das ist eine völlig neue Bedrohung für unseren Rechtsstaat. Die Nazis verbünden sich jetzt mit den Islamisten. Sofort festnehmen!«

Kevin wendet sich an den anderen Unfallgegner: »Und wer sind Sie, bitte schön? Was schnüffeln Sie die ganze Zeit hinter diesen Schwerverbrechern her?«

Der Fotograf: »Mein Name ist Schmiergrunz. Ich arbeite bei der Detektei „Grauer Kater“. Wir wurden von der Firma beauftragt, wo der Dicke arbeitet. Die glauben, dass er nicht richtig tickt und eine Gefahr für die Menschheit ist.«

Gut, dass unter meinen Taxikunden ein Anwalt ist.

Der schafft es doch tatsächlich, die drei A´s und mich noch am gleichen Abend aus dem Knast zu holen. Die Schuld am Unfall wird mir jedoch zugesprochen. Schließlich wäre das alles nur passiert, weil ich einen staatsfeindlichen Propagandaaufkleber rechtswidrig plakatiert habe. Das leuchtet mir auch sofort ein.

Draußen wartet Vera, um die drei A`s nach Hause zu bringen.

Ich würde allerdings nicht mehr ins Auto passen.

Das ist kein Problem, ich rufe mir ein Taxi.

Heute habe ich frei. Endlich kann ich mal ausschlafen. Wäre da nicht mein Handy. Die Neugier besiegt meine Trägheit. Annika, lese ich im Display.

Ich: »Hallo Annika, welch schöne Überraschung so früh am Tag. Hat Vera ihren Termin trotz des ganzen Theaters von gestern geschafft?«

Annika: »Theo, du glaubst nicht, was passiert ist.«

Derart aufgewühlt und fassungslos habe ich die ansonsten in jeder Situation cool bleibende Psychologin noch nie erlebt. Blitzartig bin ich hellwach.

Ich: »Annika, was ist passiert?«

Annika: »Gerade rief Veras Sekretärin an. Die Polizei hat gerade Veras Büro gestürmt und Vera verhaftet. Genau in dem Augenblick, als sie ihre wichtigen Geschäftspartner empfangen wollte. Die Sekretärin konnte aus dem Nebenraum Wortfetzen der Vernehmung hören. Sie sagt, es ginge um eine Gaststätte. Vera solle doch mal den Pachtvertrag zeigen, an wen die Immobilie verpachtet ist. Konnte sie aber nicht.«

Ich: »Aber das ist doch kein Grund, jemanden zu verhaften.«

Annika: »Normalerweise nicht. In diesem Fall aber schon. In der Gaststätte wurde eine riesige Hanfplantage entdeckt.«

Schlagartig bekomme ich ein flaues Gefühl in der Magengegend.

Ich: »Annika, sag jetzt bitte nicht, es handelt sich um meine Gaststätte!«

Annika: »Ich denke, es wird nicht mehr lange dauern, bis die Polizei auch bei dir aufkreuzen wird.«

Ganz sicher möchte ich nicht unhöflich zu Annika sein. Aber ich verabschiede mich nicht einmal am Telefon, sondern laufe wie elektrisiert durch die Wohnung.

Wie peinlich das gleich meinem Nachbarn von gegenüber werden wird. Und dann auch noch unser Hund dazwischen. Und meine arme Maria. Als Erstes sperre ich Tom in den Kofferraum des SUV. Dann rufe ich Maria an. »Bitte komm erst einmal nicht nach Hause. Frag jetzt nicht, ich erkläre dir das später.« Zum Glück sagt Maria, sie wolle eh gerade ihre Mutter besuchen.

Dann fällt mir der Anhänger vor der Tür ein. Und die blöden Pflanzen auf der Fensterbank. Schnell werfe ich die Pflanzen in den Anhänger zu dem ganzen anderen Gedöns, häng den Anhänger an den SUV und brause los.
Bloß wohin soll ich fahren? Wohin mit dem Anhänger? Ich kann den doch unmöglich einfach irgendwo abstellen.

Schnell rufe ich Ajwad an: »Hallo Ajwad, in unserem Vereinslokal wurde eine Cannabisplantage entdeckt!«

Ajwad: »Wer spricht da?«

Ich: »Ich bin`s. Theo.«

Ajwad: »Theo? Nie gehört. Kenne ich nicht.«

Und dann legt er auf und geht auch nicht mehr ran.

Wer kann mir helfen? Mir fällt niemand ein, außer meinem Kollege Edgar.

Edgar, bitte bitte geh ans Telefon!

Mein Wunsch wird erhört.

Edgar: »Theo, ich bin gerade nicht zu Hause. Aber ich rufe meine Frau an. Die macht dir das

Tor auf, dann kannst du den Hänger in meine Einfahrt stellen.«

Ich: »Danke, dass es dich gibt.«

Bei Edgar angekommen steht auch schon seine Frau am Tor. Ich halte auf der Straße, kupple den Anhänger ab und will ihn schnell durch das Tor schieben. Aufgeregt und nervös, wie ich bin, treffe ich nicht genau die Einfahrt. Ein Rad des Anhängers rollt vor den Bordstein. Der Anhänger dreht sich zur Seite und die obenliegenden Hanfpflanzen fallen auf die Straße, weil ich die Plane in der ganzen Hektik nicht richtig festgezurrt hatte. Edgars Frau schaut ziemlich irritiert. Ich sammle schnell die Pflanzen ein, schiebe den Anhänger endlich durch das Tor und bin schon wieder weg.

Ich fahre nach Hause. Bestimmt stehen schon ganz viele Streifenwagen vor meiner Haustür. Ob sie schon die Haustür aufgebrochen haben? Zu meinem Erstaunen ist aber alles ruhig. Keine Polizei weit und breit.

Stundenlang sitze ich im Auto, Tom im Kofferraum, um die Polizei sofort begrüßen zu können. Niemand kommt. Maria bleibt heute Nacht bei ihrer Mutter und geht morgens wieder zur Arbeit. Ich warte die ganze Nacht und danach den ganzen Morgen. Nichts passiert.

Vorsichtig rufe ich Veras Nummer an. Erfreulicherweise geht sie dran.

Vera: »Theo, dank dir weiß ich jetzt auch, wie es sich anfühlt, wenn man im Gefängnis übernachten muss.«

Ich: »Liebe Vera, es tut mir so leid!«

Vera: »Sie haben Lieferscheine für kiloweise Spezialdünger in der Gaststätte gefunden. Da stehen dein Name und deine Adresse drauf. Auch habe ich gesagt, dass ich dir die Gaststätte zur Verfügung gestellt habe.«

Ich: »Hat die Polizei gesagt, wie schlimm die Sache ist?«

Vera: »Es ist von einer großen Menge Cannabis die Rede gewesen. Genaues konnten sie noch nicht sagen, aber es geht auf jeden Fall um mehrere Kilogramm. Die Angelegenheit wird uns noch viel Spaß bereiten. Ich durfte gerade erst nach Hause gehen. Wir reden später weiter.«

Eine Woche vergeht. Die zweite Woche vergeht. Täglich rechne ich mit einer Hausdurchsuchung. Damit es in diesem Falle nicht zu Komplikationen mit dem lieben Tom geben kann, sperre ich ihn jeden Morgen in den Kofferraum und setze mich zu ihm in den

Wagen, um dort weiterzuschlafen oder es jedenfalls zu versuchen.

Eine Vorladung zur Vernehmung flattert in meinen Briefkasten. Ansonsten höre ich nichts von unserer Ordnungsmacht.

Ajwad hatte sich die ganze Zeit rar gemacht.

Endlich treffe ich ihn auf der Arbeit.

Ich: »Ajwad, ich habe eine Vorladung bei der Polizei. In zwei Wochen ist der Termin.«

Ajwad: »Was wirst du aussagen?«

Ich: »Die Wahrheit!«

Ajwad: »Welchen Anwalt hast du?«

Ich: »Den Klopper, das ist ein Taxikunde.«

Ajwad (nun gönnerhaft): »Was willst du denn mit diesem Winkeladvokaten?
Theo, mach dir keine Sorgen. Ich werde dir helfen. Warte einfach ab.«

Ich: »Ajwad, du bist ja so nett zu mir. Ich dachte schon, du lässt mich hängen.«

Ajwad: »Theo, was denkst du von mir? Warte ab, jetzt wird alles gut.«

Auch Edgar ist so nett zu mir. Selbstlos hat er die Sachen von meinem Anhänger entsorgt und mir den leeren Anhänger zurückgebracht.

Morgen habe ich bei der Polizei einen Termin zur Vernehmung. Zu Ajwad herrscht schon lange wieder Funkstille. Auch von seinem Hilfsprogramm habe ich nichts mehr gehört.

Mit Magendrehungen fahre ich zum Polizeipräsidium und warte, dass ich aufgerufen werde.

Mein Handy läutet: »Guten Morgen, hier spricht Ralf Bosso. Ich bin der Staranwalt der hiesigen Drogenmafia. Vergessen sie Ihren Klopper, jetzt komme ich. Lassen sie mich mal machen. Sie sagen gar nichts aus und gehen wieder nach Hause.«

Ich: »Ja, aber ich wollte.«

Ralf Bosso fällt mir ins Wort: »Nein, tun Sie das nicht. Wir reden später, aussagen können Sie immer noch. Jetzt stehen Sie auf und fahren nach Hause. Dort warte ich schon auf Sie.«

Tatsächlich funktioniert das so. Ich komme als freier Mann nach Hause, ohne eine Aussage gemacht zu haben. Dort erwartet mich auch wirklich schon dieser Held von Staranwalt.
Ich: »Wurden sie von Ajwad geschickt?«

Ralf Bosso: »Mich schickt der höchste Drogenbaron persönlich.«

Ich: »Wie, ist Ajwad der höchste Drogenbaron.«

Ralf Bosso: »Nein, aber die beiden sind wohl befreundet. Auf jeden Fall haben Sie ganz viel Glück, dass ich jetzt für Sie arbeite.«

Ich: »Aber ich habe doch schon einen Anwalt.«

Ralf Bosso: »Ich bitte Sie. Diesen Kollegen können Sie vielleicht buchen, wenn Sie sich gegen ein Parkknöllchen wehren wollen. Bitte vergleichen Sie mich nicht mit so einem Clown.«

Ich: »Wurden Sie denn auch schon bezahlt?«

Ralf Bosso: »Nein, das müssen Sie schon tun. Aber seien Sie froh, dass ich mich überhaupt mit Ihnen abgebe. Ich mache das alles wirklich nur aus reiner Nächstenliebe zu Herrn Drogenbaron.«

Ich: »Was kosten Sie?«

Ralf Bosso: »Heute ist Ihr absoluter Glückstag. Geben Sie mir erst einmal nur fünftausend Euro. Dann schauen wir weiter.«

Ich bekomme Schnappatmung. Das ist der fünffache Preis vom Klopper.

Ich: »Geht Ratenzahlung*?*«

Ralf Bosso: »Ich habe doch gesagt - *heute ist Ihr Glückstag!*«

Die Mühlen der Justiz mahlen langsam, aber sie mahlen.
Nach einigen Monaten und damit auch nach einigen Monatsraten kommt mein Gerichtstermin ins Haus geflattert.

Von Aywad ist die ganze Zeit nichts zu hören und nichts zu sehen, auch von Ralf Bosso habe ich nichts mehr gehört. Diese Strategie finde ich etwas merkwürdig. Also bitte ich meinen Staranwalt um eine Audienz.

Ich: »Herr Bosso, wie soll das denn jetzt laufen vor Gericht?«

Ralf Bosso: »Am allerbesten ist es, wenn Sie gleich am Anfang ein umfassendes Geständnis ablegen.«

Ich: »Was soll ich denn gestehen?«
Ralf Bosso: »Natürlich, dass Sie alles ganz allein gemacht haben.«

Ich: »Was denn*?*«

Ralf Bosso: »Ja die komplette Cannabis-plantage natürlich.«

Ich: »Wieso soll ich das denn gestehen? Das war ich doch gar nicht!«

Ralf Bosso: »Mein lieber guter Theo. Du musst mir vertrauen. Ich bin der Allerbeste. Du lieber Theo sagst, dass du das alles gemacht hast. Dann bekommst du doch nur etwa 4 Jahre Gefängnis, bist deinen Job los und kannst die Abtragung für dein Haus nicht mehr bezahlen, aber mehr passiert dir doch nicht.«

Ich: »Warum soll ich denn etwas zugeben, was ich nicht getan habe?«

Ralf Bosso: »Theo, du musst mir vertrauen! Du hast doch den Dünger bestellt. Die Lieferscheine lagen ganz zufällig genau im Eingang, als die Gaststätte durchsucht wurde. Außerdem wurde dir die Gaststätte zur Verfügung gestellt. Damit bist du der Täter! Wenn du jetzt noch andere in die Sache hineinziehst, dann ist das bandenmäßig. Dann wirst du noch härter bestraft.«

Ich: »Ja, aber ich war das doch gar nicht.«

Ralf Bosso: »Liebes Theolein. Vertrau mir. Auch wenn ich etwas tue, was dir seltsam vorkommt. Das tue ich alles nur, weil ich so ein ausgebuffter Fuchs bin und dir völlig selbstlos helfe.«

Ich: »Ich habe eher das Gefühl, Sie helfen Aywad und nicht mir.«

Ralf Bosso (jetzt ganz streng): »Theo! Ich bin ja jetzt sehr echauffiert. Ich bin hier, um dir zu helfen. Und niemand anderem. Ich schwöre! Du musst mir vertrauen.«

Schade um das Geld, das ich diesem Typen gezahlt habe. Aber jetzt ist Schluss.

Hoffentlich nimmt mich mein alter Anwalt, der Klopper, zurück.

Heute ist Gerichtstermin. Unfassbar, ich sitze als Angeklagter in einem Strafprozess. Zum Glück sitzt Klopper neben mir.

Der Richter: »Zuerst hören wir den Zeugen Kevin Scharfsiehn vom Verfassungsschutz.«

Kevin: »Was ich zu berichten habe, ist wirklich äußerst haarsträubend. Der Herr Theo hier scheint ein Topterrorist zu sein. Wir können das alles noch nicht beweisen, aber ich berichte hier schon mal von unseren Erkenntnissen. Unter dem Vorwand, einen Wildbienenschutzverein zu gründen, mietet er Räumlichkeiten an, um diese Cannabisplantage zu betreiben. Gleichzeitig gibt er vor, ein tier- und naturfreundliches Projekt in Mecklenburg zu gründen. Ich kann es nicht beweisen, aber garantiert sollen auch hier Drogen angebaut werden. Und arme, in Not geratene Haustiere wie Hunde und Katzen sollen hier zu Kampfmaschinen gemacht werden. Sogar Braunbären wollte er abrichten. Gleichzeitig ist Herr Theo anscheinend so etwas wie ein Nazi. Das sieht man schon an der Tatsache, dass er nicht Eisbären oder Schwarzbären abrichten wollte, sondern Braunbären. Wofür die Farbe Braun steht, brauche ich ja wohl niemandem zu erklären.«

Der Richter unterbricht Kevin: »Das sind echte Fakten! Mein Respekt Herr Scharfsiehn, dass sie diese schmutzigen Zusammenhänge aufdecken konnten.«

Kevin setzt seine Rede fort: »Herr Theo scheint ein Feind unserer Demokratie zu sein. Er hat in Mecklenburg schon das ganze Dorf infiziert. Dort finden paramilitärische Manöver mit Teilnehmern aus aller Welt statt. Die Terroristen kleiden sich als Ritter und üben mit echten Kriegswaffen. Ich habe mit eigenen Augen eine haushohe Steinschleuder gesehen. Die Steine können sicher bis nach Berlin fliegen und den Reichstag zerstören. Und wäre das nicht alles noch nicht schlimm genug, haben wir auch noch den Verdacht, dass die riesige Immobilienfirma »Wir lieben Immobilien« auch noch involviert ist. Immerhin hat sie eine komplette Gaststätte zur Verfügung gestellt. Und die Chefin von »Wir lieben Immobilien« beherbergt kostenlos Flüchtlinge in ihrem eigenen Elternhaus. Vermutlich sind das islamische Terroristen. Wir haben also ein Gefährdungspotenzial, wie es noch nie zuvor dagewesen ist. Die Nazis verbünden sich mit islamischen Terroristen, mit Rittern und auch noch mit vermutlich linken Terroristen, die bereits auf besagtem Grundstück in Mecklenburg herumwerkeln.«

Richter: »Ich bin fassungslos! Ich bin seit über 30 Jahren Richter und habe wirklich schon einiges erlebt. Aber das hier ist der böseste Abgrund, in den ich jemals geschaut habe.«

Kevin: »Leider können wir noch nichts beweisen. Aber wir werden den Sumpf trockenlegen. Minister Superschlau persönlich hat umgehend fünf neue Abteilungen beim Verfassungsschutz eingerichtet. Geld spielt keine Rolle. Wir werden jeden Stein umdrehen und alles infrage stellen. Heute können wir noch nichts beweisen, aber es ist mir wichtig, dass Sie, Herr Richter, diese Hintergründe kennen.«

Richter: »Vielen Dank Herr Scharfsiehn. Als Nächstes hören wir Detektiv Schmiergrunz.«

Detektiv Schmiergrunz: »Herr Richter, ich kann noch nichts beweisen, aber der Betrieb, in dem Herr Theo arbeitet, geht stark davon aus, dass Herr Theo voll bekloppt ist, eventuell sogar gemeingefährlich. Damit keine anderen Leute zu Schaden kommen, beschatte ich Herrn Theo auf Schritt und Tritt.«

Richter: »So etwas habe ich ja noch nie erlebt. Danke, Herr Schmiergrunz. Als Nächstes hören wir Frau Vera. Gerichtsdiener: Rufen Sie bitte Frau Vera auf.«

Richter: »Frau Vera, seit wann finanzieren Sie schon die islamischen Terroristen?«

Vera: »Entschuldigen Sie, Herr Richter, ich habe Ihre Frage nicht verstanden.«

Der Richter nun in tiefem, beißendem Ton: »Frau Vera, SEIT WANN FINANZIEREN UND UNTERSTÜTZEN SIE TERRORISTEN?«

Vera: »Welche Terroristen? Bitte entschuldigen Sie, aber wovon reden Sie?«

Richter: »Sie wissen genau, wovon ich spreche: von islamischen Terroristen, von rechten Terroristen, von linken Terroristen und einer Art Ritterorden! Die Cannabisplantage ist doch wohl nur die Spitze des Eisberges!«

Vera: »Mit Verlaub, Herr Richter, haben Sie eine psychische Krankheit? Ich kann Ihnen da jemanden empfehlen.«

Richter (flippt aus): »Noch kann ich Ihnen nichts nachweisen. Aber das kommt noch. Wir sehen uns wieder. Aber jetzt gehen Sie, Sie wollen mich anscheinend für dumm verkaufen.«

Nun ist Verhandlungspause. Mein lieber Anwalt macht einen recht bedrückten Eindruck, und ich stehe kurz vorm Herzinfarkt.

Nach der Pause bin ich dran.

Richter: »Wir verhandeln heute ja nur die Cannabisplantage. Der Rest kommt später. Herr Theo, geben Sie alles zu?«

Ich: »Nein, das war ich nicht.«

Richter: »Wie, das waren Sie nicht?«

Und nun kommt Anwalt Klopper zum Einsatz. Viele Zeugen werden gerufen, ganz viele Fragen werden gestellt und Folgendes stellt sich heraus: Ich kann dort gar keine Cannabisplantage betrieben haben, weil ich nicht dort gewesen bin. Und jemand anderes ist dort täglich gesehen worden, wie er dort ein und ausging. Ich, mit meinem hohen

Wiedererkennungswert durch meine Leibes-
fülle, bin dort nie gesehen worden.

Der Richter zu mir: »Herr Theo, entweder
nennen Sie mir jetzt den Namen und Sie
bekommen eine Bewährungsstrafe, weil Sie
Beihilfe geleistet haben, oder aber Sie weigern
sich, und ich stecke Sie für das nächste
Jahrhundert in den tiefsten Kerker und
verkaufe ihren Hund an das China-Restaurant
hier vorne um die Ecke.«

Der Richter setzt nun in einem sehr scharfen
Ton fort: »Wer hat dort die vielen Pflanzen
gezüchtet?«

Klopper bittet um eine Unterbrechung und wir
gehen auf den Flur.

Anwalt Klopper: »Theo, der Richter macht
ernst. Sag ihm den Namen.«

Ich: »Nein, auf gar keinen Fall!«

Anwalt Klopper: »Theo, wenn du den Namen
jetzt nicht sagst, wird in ca. 10 Minuten dein
Leben zerstört sein.«

Wir gehen zurück in den Verhandlungssaal und
nun kommt der für mich schlimmste Moment
überhaupt.

Richter: »Herr Theo, meine unendliche Geduld mit Ihnen nähert sich nun dem Ende. Den Namen bitte. Sofort!«

Ich (ganz leise): »Aywad«

Der Richter brüllt los: »Jetzt reicht es mir! Dieses fette Ekelpaket antwortet mit *ach was*.«

Anwalte Klopper springt auf. »Ruhig, Herr Richter. Mein Mandant hat nicht ach was gesagt. Er hat ihnen den Namen genannt. Aywad!«

Der Richter gibt mir eine Bewährungsstrafe.

Richter: »Und wenn Sie demnächst auch nur falsch parken, buchte ich Sie so lange ein, bis die nächste Eiszeit beginnt.«

Der Staatsanwalt tobt: »Solch ein laues Urteil gegen so einen Topterroristen ist ein Skandal. Ich glaube, dass ich zu lasch war. Mit diesem Herrn Aywad werde ich nun ganz anders umgehen.«

Vorher hatte sich Aywad immer vor mir versteckt. Jetzt ist er komplett verschwunden. Sogar zu mir sickert durch, dass er seit Tagen unentschuldigt auf der Arbeit fehlt.

Und dann werden meine Befürchtungen zur Gewissheit. Aywad sitzt in Untersuchungshaft. Das ist die absolute Sensation für das komplette Unternehmen Pfennigfuchs.

Zum Glück kommt es schnell zum Prozess.

Richter: »Herr Aywad, ich habe einiges an Hintergrundwissen. Wie sind Sie armer Mensch in diese missliche Lage geraten.«

Aywad: »Der Theo, der ist so kriminell. Er hat mich gezwungen, diese Cannabisplantage für ihn zu betreiben. Dieser Theo ist so gierig. Obwohl er schon ein Cabrio und einen dicken SUV fährt, reicht ihm das einfach nicht. Er will immer mehr und mehr. Das Schicksal anderer Menschen ist ihm dabei völlig gleichgültig. Sie sehen doch die vielen Lieferscheine. Alle sind auf seinen Namen ausgestellt. Theo hat nur kranke Gedanken. Er gibt sogar zur Tarnung vor, Gutes tun zu wollen, nur um seine kriminellen Energien dahinter auszuleben.«

Richter: »Oh, Sie Armer. Sie tun mir so leid. Bitte versprechen Sie mir, dass Sie sich von diesem Satan fernhalten. Irgendwann werden wir diesem Theo etwas nachweisen können, dann werden wir ihm das Fell über die Ohren ziehen. Aber was mache ich nur mit Ihnen, Herr Aywad? Sie haben auch nicht ganz nach dem Gesetz gehandelt. Andererseits wurden

Sie aber dazu gezwungen. Herr Aywad, sind Sie mit einer mündlichen Verwarnung einverstanden?«

Die Chefetage hält mich mindestens für total durchgeknallt und der Betriebsrat kann mich nicht leiden. Heute komme ich zur Arbeit und plötzlich grüßen auch meine direkten Kollegen nicht mehr. Jahrelang war ich freundlich und hilfsbereit zu denen. Jetzt gehen alle weg, wenn ich mich nähere, und übersehen mich rein zufällig. Als ich am Büro des Chefs vorbeikomme, sehe ich durch die offene Tür, dass Edgar den Raum gerade verlassen will.

Der Chef: »Und er hat wirklich einen Anhänger voller Zubehör für seine Cannabisplantage bei Ihrer Frau abgestellt? Unglaublich!«

Ich komme an einem Grüppchen Kollegen vorbei, die sich angeregt unterhalten und mich nicht bemerken: »Dieser fette Arsch. Jetzt weiß ich auch, warum er sich so einen dicken SUV leisten kann. Komisch fand ich den ja schon immer, aber dass er derart kriminell ist, hätte ich ihm nicht zugetraut. Und dann reißt er auch noch unseren lieben Aywad derart in seinen schmutzigen Abgrund.«

Besser ich höre dort nicht weiter zu. Ich gehe raus auf den Parkplatz, wo die LKWs stehen. Auch hier steckt eine Gruppe Kollegen die

Köpfe zusammen: »Der Typ ist so gierig, der geht am Wochenende sogar noch Taxifahren!«

Tja! Alle in meiner Firma sind fassungslos. Wer hätte so etwas gedacht von diesem Theo-Satan?

ie auch immer. Das Leben muss weitergehen. Den Wildbienenverein kann ich schon mal abschreiben. Das schöne Vereinsheim ist ohnehin Geschichte und mit Aywad ist mein einziger potenziell aktiver Mitstreiter abhandengekommen. Aber ich habe ja noch mein Mecklenburgprojekt. Und ich habe noch fast ein halbes Jahr Zeit bis zur großen Ausschüttung durch meinen Freund Highlander. Die Zeit ist wirklich knapp, aber gemeinsam mit meiner Mecklenburgtruppe kann es noch klappen.

Schnell lade ich alle zur Krisensitzung nach Mecklenburg ein, außer natürlich Kevin.

Es ist ein schöner Frühlingstag, genau der richtige Tag für einen Neuanfang.

Erwartungsvoll biege ich ein auf unser Grundstück. Der Kombi aus Bayern steht schon wieder an seinem alten Platz. Der Kofferraum ist geöffnet, Horst und Helga halten etwas hoch, Anja und die beiden Gretas stehen im Halbkreis um sie herum: »Oh, was sind die süß! Die könnte ich den ganzen Tag knuddeln! Die sind ja so niedlich! Hallo Theo, sind das nicht hübsche Teddybären?«

Horst hält einen Teddybären mit Halsband und Glöckchen hoch: »Hiervon haben Helga und ich einen ganzen Container bestellt. Die sind von Labohs. Schaut mal, hier ist der Aufnäher mit dem Logo. Und wenn ich den Bären nach vorne neige, dann sagt er sogar bääär.«

Ich bin davon auch sehr angetan. Nach so viel Mist und Problemen ist das endlich mal wieder eine völlig harmlose Thematik.

Greta1: »Jetzt lasst uns schnell das Grundstück auf Vordermann bringen, vielleicht können wir dann bald echten Braunbären hier ein Zuhause geben.

Anja zeigt in die Richtung, wo wir letztes Mal den Zaun hingebaut hatten. »Einen Zaun haben wir ja schon. Wo ist denn unser Zaun?«, kreischt sie.

Ich: »Lasst uns ins Haus gehen. Ich möchte euch einiges erzählen.«
Und das tue ich dann auch. Ich erzähle alles, was passiert ist. Dass der Zaun vom Nachbarn gestohlen wurde, dass es den Wildbienenverein in Dortmund nicht geben wird und dass ich für eine illegale Cannabisplantage vor Gericht stand.

Greta-Handy kann sich vor Wut kaum halten. »Unglaublich, dass Cannabis verboten ist.

Dagegen müssen wir unbedingt mal eine Demo machen.«

»Ach, der Wildbienenverein ist für uns doch sowieso nicht wichtig. Wir machen einfach weiter«, so Greta1. Anja sieht nachdenklich aus. »Ich habe neulich einen richtig guten Wissenschaftler kennengelernt. Ich werde den mal fragen, ob er uns ein Konzept erstellen kann.«

Horst durchstöbert das alte Haus nach Werkzeug. »Theo, ist hier irgendwo ein Hammer?«

»Kann ich dir nicht sagen, das sind noch Dinge von den ehemaligen Mietern.«

Horst stöbert in einer alten Holztruhe. »Schaut mal, ganz viele Wolldecken, richtig gut erhalten.«

Helga: »Ob die von Labohs sind?«

Horst: »Ne, leider nicht. Die sind von MfS. Kennt jemand die Marke?«

Anja: »Ich glaube, das ist eine DDR-Marke. Die Decken müssen ja richtig alt sein.«

Gerade hat Anja ausgesprochen, rennt Tom wie verrückt zur Haustür. Die steht offen und im Eingang steht ein Huhn. Entsetzt muss ich zur Kenntnis nehmen, dass Tom direkt auf dieses Huhn zusteuert.

»Wo kommt denn dieses Huhn her?« Niemand antwortet mir.

Stattdessen ertönt ein entsetztes Aufschreien, als sich Tom auf das arme Huhn stürzt, in sein Maul nimmt und anfängt, das arme Tier so richtig heftig durchzuschütteln.

»Das macht der Tom sonst nie!«, versuche ich mich zu rechtfertigen. »Der tut keinem Lebewesen etwas zuleide!«

»Das sagen alle Hundebesitzer!«, schreit Greta Handy.

Das Huhn strampelt mit den Beinen, verliert Federn und zuckt am ganzen Körper. Alle rennen wir zur Tür. Ich bin als erster da, obwohl ich garantiert nicht der Sportlichste unter uns bin. Sofort versuche, ich Tom das Huhn aus dem Maul zu nehmen. Aber Tom hält das für ein Spiel, hat nun das Hinterteil im Maul. Ich ziehe vorne.

»Lebt das arme Huhn noch?«, kreischt nun Anja, als ich endlich ein Leckerli gefunden habe und Tom dann gnädiger Weise mit mir das Leckerli gegen das Huhn getauscht hat.

Aber ich kann nicht antworten. Denn mir fehlen spontan die richtigen Worte. Dieses Huhn hat niemals gelebt. Das ist kein echtes Tier. Jetzt fällt ein Auge heraus. Das Auge hängt an einem Kabel.
»Das ist eine Kamera«, belehrt uns Horst. Die Beine vom Huhn bewegen sich immer noch, machen Geräusche. Kleine Elektromotoren bewegen die Beine. Unten am Bauch steckt eine Speicherkarte in einem dafür vorgesehenen Slot. Und der Schnabel scheint gleichzeitig eine Antenne zu sein.

Ratlos stehe ich da mit dem defekten Huhn in der Hand.
»Irgendwie komme ich mir schon lange beobachtet vor.«

Anja schaut sich in alle Richtungen um. »Glaubst du, wir werden beobachtet? Etwa von einem Spanner?« Alle schauen sich um. Und Greta1 entdeckt etwas Geheimnisvolles und zeigt auf einen Baum. »Kevin? Stehst du da hinter dem Baum?«

Und tatsächlich. Mit völlig schlechtem Gewissen, dass er ertappt wurde, kommt nun Kevin hinter dem Baum hervor. Er trägt wie üblich Tarnkleidung. In seinen Händen hält er eine Fernbedienung.

»Gehört das Huhn dir?«, möchte ich wissen.
»Tom ist versichert!«

Kevin: »Kein Problem, Theo, der Verfassungsschutz hat genug Geld. Das interessiert niemanden.«

Dann sagt Anja zu Kevin: »Kevin, wenn du eh hier rumschnüffelst, dann kannst du uns auch helfen. Wir haben so viel zu tun. Wenn du weiter bei uns mitmachst, brauchst du dich nicht zu verstecken und bekommst trotzdem alles mit.«

Kevin wirft die Fernbedienung im hohen Bogen weg, tanzt vor Freude, reißt sich die Tarnkleidung vom Leibe und drückt uns alle nach und nach ganz freundschaftlich. »Juhuu! Ich hatte schon die Befürchtung, ihr mögt mich nicht mehr!«

Anja hat echt was drauf, muss ich sagen. Und auch Horst ist erleichtert: »Wunderbar, dann sind wir ja wieder vollzählig. Sag mal Kevin, hast du zufällig einen Hammer?«
Kevin hebt die Fernbedienung wieder auf. Ritsch ratsch, klick klack. »Bitteschön Horst, hier hast du einen Hammer.«

Und dann geht so richtig die Post ab. So etwas habe ich hier noch nie erlebt. Meine Leute werden zu einem richtig tollen Team. Sie graben den Boden um und säen Blühpflanzen, buddeln ein Loch für einen Schwimmteich, finden Gehwegplatten und legen damit Wege an, bauen Bänke zum Sitzen, bauen sogar einen Grillplatz und legen Versorgungsleitungen für Wohnwagenstellplätze.

Sollte das Projekt etwa doch erfolgreich werden?

Abends gehen wir alle gemeinsam über das Grundstück. Ganz oben auf dem Hügel haben wir den Grillplatz angelegt. Unser Blick fällt auf das Haus. Was hat Horst denn nur? Warum schaut der immer so auf das Dach unseres Hauses. »Seht ihr auch, dass der Giebel einen Knick in der Mitte hat?«
Tatsächlich! Das war uns gar nicht aufgefallen. Genau in der Mitte hat der Giebel einen Knick.

Als wir auf dem Dachboden stehen, sind wir ganz traurig. Mehrere massive Dachbalken sind geborsten. Das geht eigentlich nur, wenn man mit einer haushohen Steinschleuder das Dach trifft. Hatte die Ritterschaft aus dem Ort eventuell schlechtes Zielwasser getrunken? Selbstverständlich nur versehentlich!
Klar ist auf jeden Fall, dass wir diesen Schaden nicht selbst beheben können. Und das Geld für eine Reparatur habe weder ich noch wir alle zusammen.

Abends sitzen wir zusammen. Kevin hat wieder alle mit seinem biologisch einwandfreien und garantiert kalorienfreien Gras versorgt. Ich trinke Bier. Scheiß was auf die Kalorientabelle!

Anja nimmt einen tiefen Zug von Kevins Biokraut. »Du Kevin, ich hab da mal eine Frage?«
Kevin ist sofort ganz Ohr. Scheinbar wird er gern von Anja gefragt. »Was bewegt dich, liebe Anja?«

»Kevin, du sagst doch, dass dein Arbeitgeber so reich ist. Stimmt das wirklich?«
Kevin holt tief Luft. »Anja, das kann ein normaler Mensch nicht glauben. Geld spielt bei uns gar keine Rolle. Minister Superschlau hat zugesagt, dass wir ausgeben können, soviel wir wollen. Superschlau steht immer hinter uns. Und seine Chefin, die Theresa Scheintnurso wiederum, unterstützt ihn ebenso. Die beiden sind ein echtes Dreamteam.« Bei dem letzten Satz wird Kevin richtig feierlich.

Anja schaut Kevin tief in die Augen. »Wenn Geld keine Rolle spielt, dann kannst du doch einen neuen Zaun für uns bestellen?«

Von einem Moment zum nächsten sieht Kevin jetzt unglücklich aus. »Liebe Anja, natürlich spielt das Geld keine Rolle. Aber mit welcher

Begründung soll ich denn bitteschön hierfür einen Zaun bestellen.«

Anja schaut Kevin wieder tief in die Augen. Dann holt sie ihr Handy hervor, tippt darauf herum und hält Kevin das Display vors Gesicht. »Braunbär in Not«, liest Kevin vor. »Problembär Bruno soll abgeschossen werden.«

Kevin schaut Anja fragend an. »Der arme Bär tut mir leid. Aber was hat das mit unserem Zaun zu tun?«

Anjas Stimme ist jetzt zuckersüß. »Sag deinem Hauptquartier, dass die Terroristen hier einen Braunbären für Terroranschläge abrichten wollen. Die sollen schnell das Grundstück einzäunen, damit der Bär nicht ausbrechen kann.«

Kevin wirkt nicht so richtig überzeugt. Aber Anja schaut ihn so nett an, da greift er zu seinem Handy und schreibt eine Nachricht: *Brauche sofort bärensicheren Zaun in Mecklenburg. Eilt sehr.*

Zwei Minuten später kommt die Antwort: *Welche Farbe?*

Nun kann Kevin nicht sofort antworten. Die beiden Gretas sind für grün, Helga für pink,

Anja für ein kommunistisches Rot und Horst möchte wissen, ob es den Zaun auch von Labohs gibt.

Diese Nacht ist kurz. Schon um halb sieben in der Früh steht ein großer Labohs-LKW mit einem Zaunbauspezialistenteam vor der Tür. Die Farbe Grün hat sich durchgesetzt.

Die paar Leute aus dem Minidorf unten interessieren sich normalerweise gar nicht mehr für uns, jedenfalls wenn wir da sind. Dann sieht und hört man nichts von ihnen. Jetzt, als der Zaun aufgebaut wird, bekommen wir jedoch Zuschauer, eine kleine Schar Ritter. Das überrascht mich. Das Rittertreffen ist doch nur einmal im Jahr, hatte ich mittlerweile herausbekommen. Auch kenne ich die Gesichter nicht. Eigentlich denke ich, alle Gesichter aus diesem winzigen Ort zu kennen.

Anja zupft an meinem Ärmel. »Schau mal, der große Ritter da vorne. Der hat die gleiche Pistole wie Kevin.«

Tatsächlich. Das Ritterkostüm war an der Seite etwas hochgerutscht und an einer Stelle können wir sehen, dass eine Pistole in seinem Hosenbund steckt. Die gleiche Pistole wie Kevins.

Anja tippt Kevin auf die Schulter. »Kann ich dich mal kurz unter vier Augen sprechen?« Schon sind die beiden verschwunden.

Man soll andere eigentlich nicht belauschen, aber in diesem Fall habe ich keine Hemmungen. »Ja, liebe Anja, das sind meine Kollegen, die sollen die Ritterterroristen ausspähen.«

Anja blickt Kevin wieder tief in die Augen. »Deine Kollegen könnten ja von unserem Dach aus das ganze Dorf beobachten. Voraussetzung wäre allerdings, dass die Balken schnell repariert werden.«

Wahnsinn! Noch am gleichen Nachmittag kommt ein Dachspezialtrupp und repariert den Schaden.

Unsere Laune ist spitze, das Wetter herrlich. Wir hängen alle noch einen Tag dran, um unseren Erfolg zu genießen. Natürlich ist Thema Nummer 1 die Braunbärfamilie. Wir haben schon so viel Geld nach Bulgarien überwiesen. Der Besitzer reagiert auch auf unsere Anfragen, wie es den Bären geht. Allerdings schreibt er immer nur das Gleiche: Vielen Dank für das Geld! Wenn er mal Fotos schicken soll oder Rechnungen von Futter und Arzneimitteln, dann versteht er uns plötzlich nicht mehr. Egal welche Frage wir stellen, die

Antwort lautet immer gleich: Danke für das Geld.

Anja hält es nicht mehr aus. Sie möchte unbedingt nach Bulgarien und nach dem Rechten sehen. Wir alle sehen, wie gern Kevin sie begleiten würde, aber er bekommt keinen Urlaub, denn er muss für seinen Arbeitgeber unbedingt nach den Rechten sehen. Außer Greta1 fallen auch alle anderen aus. Und ich kann sowieso nicht, denn ich muss brav arbeiten gehen, bekomme wohl die nächsten Jahrhunderte überhaupt keinen Urlaub mehr. Womit hätte das auch so ein Typ wie ich verdient? Also planen Anja und Greta1 gemeinsam die Reise nach Bulgarien. Fliegen kommt selbstverständlich nicht infrage. Greta1 hat zwar einen Führerschein, besitzt aber nur dieses Hollandrad. Anja hat so ein neumodisches Elektroauto. Das ist im Stadtverkehr eine super Sache, ist aber nicht der richtige Wagen, um von Deutschland nach Bulgarien zu fahren. Alle sind ratlos, bis Greta die Eingebung ihres Lebens hat: »Theo, du hast doch so einen tollen SUV!«

Selbstverständlich sage ich sofort zu. Die beiden können ruhig den noch lange nicht abbezahlten und frisch reparierten SUV nehmen, um nach Bulgarien zu fahren. Das hätte doch jeder getan. Sobald die beiden alles vorbereitet haben, können sie den Wagen nehmen. Ich werde einfach mit dem alten Cabrio fahren, das ich mir wider jede Vernunft vom Erbe meines Vaters gekauft hatte.

So ein toller Tag. Alles ist in die richtigen Bahnen gekommen. Wir genießen den Tag und dass wir so super zusammenpassen. Während wir über das Bärenprojekt lamentieren, läutet ständig Greta1 Handy, doch sie geht nicht ran. Die Bären sind ihr wichtiger.

Irgendwann fällt Kevins Blick auf das Telefon, als es klingelt. »Papa steht da!«, sagt er zu Greta. Die macht allerdings keinerlei Anstalten, das Gespräch anzunehmen. Kevin schaut weiter auf das Telefon und grinst. »Coole Idee mit dem Foto!«

Anja ist neugierig: »Was für eine coole Idee?«

Kevin: »Greta hat ein Foto von Schauspieler Matschomutsch unter Papa abgespeichert!«

Horst Nobeldress wird ganz hibbelig: »Greta, bisd du aa so a grousa Fo vo Madschomutsch??«

Greta1 macht ihr Handy aus. »Zurzeit nicht so!«

Na gut, dann muss ihr Papa eben warten. Es ist jetzt wichtiger, den Bärentrip zu planen.

Selbst in meinen SUV passen allerdings keine drei Bären. Selbst wenn sie reinpassen würden, wie käme man damit über die Grenzen? Und überhaupt, sollte man die Bären nicht noch ein Weilchen in Bulgarien lassen und erst einmal nur nach dem Rechten schauen?

Das geht eine ganze Zeit hin und her, und das in dieser Hitze. Es gibt keinen Windzug, keine Wolke zeigt sich am Himmel. Langsam machen uns diese Temperaturen ganz schön zu schaffen. Und dann stört auch noch so ein Hubschrauber, der andauernd über unserem Grundstück kreist und Krach macht.

Nanu, staunen wir! Der landet ja, direkt bei uns!

Die Tür geht auf und ein supercooler Mann steigt völlig lässig aus: kurze Hose von Labohs, dazu ein pinkes Muskelshirt, riesig groß bedruckt mit einem Wildschwein und dem Schriftzug Labohs. Und Badelatschen hat er an, auch von Labohs.

Horst Nobeldress verbeugt sich ehrfürchtig. »Mensch Horst«, sage ich. »Willst du dich vor jedem verbeugen, der diese bekloppte Marke trägt?«

Ich bekomme keine Antwort. Auch die anderen schauen diesen Typen ehrfürchtig an. Sind sie jetzt alle zu Labohs-Fanatikern mutiert?

Zum Glück scheint Greta1 noch nicht von diesem Labohs-Virus infiziert zu sein. Im Gegenteil, Greta macht sogar einen abwehrenden Eindruck.

Greta1: »Papa, kannst du mich nicht einmal in Ruhe lassen?«

Schauspieler Nikolaus Matschomutsch: »Kind, ich habe mir Sorgen gemacht. Erst gehst du nicht ans Telefon, dann ist es plötzlich ganz aus!«

Schnell haben die beiden sich vertragen. Matschomutsch ist sogar stolz auf seine Tochter. Schon aus der Luft hat er gesehen, was wir alles Tolles geschaffen haben. Und das alles ohne seine Hilfe. Zum ersten Mal überhaupt steht sein Töchterchen auf eigenen Beinen. Er möchte auch gar nicht lange stören und eigentlich sofort weiterfliegen, aber da kennt er Horst noch nicht, und auch nicht Helga, nicht Anja Und schon gar nicht Greta-Handy oder Kevin. So leicht lassen sie diesen Star nicht entwischen. Ehrfürchtig stellen sie Superstar Nikolaus Matschomutsch immer wieder neue Fragen. Es wird über irgend-welche Filme lamentiert, über andere

Schauspieler hergezogen und die Sache findet kein Ende. Auch für mich ist diese Begegnung interessant. Dieser Mensch ist nicht nur gut gebaut, sondern schaut wirklich so jung aus wie im Fernsehen. Wir sind gleichaltrig. Er wirkt ungefähr 15 Jahre jünger als sein tatsächliches Alter, ich 15 Jahre älter. Und er scheint tatsächlich genau so cool zu sein, wie man ihn in seinen Filmen erlebt. Mit jeder Gestik und mit jedem Wort, das er spricht, hat man das Gefühl, dass er über allen Dingen steht. Selbst wenn jetzt ein Samurai aus einem Gebüsch springen und ihm einen Arm abhacken würde, Matschomutsch bliebe garantiert trotzdem Herr der Lage.

Als Matschomutsch dann auch sämtliche Kleidung ablegt, bin ich mir sicher, dass dieser Tag noch sehr lang wird.

Matschomutsch findet die Hitze auch unerträglich. Zwei, drei Befehle an seine Leibgarde im Hubschrauber und sofort fliegen sie ohne ihn los. Schon kurze Zeit später landet der Heli wieder. Ein paar Leute springen raus und bauen uns einen wahnsinnig tollen Pool auf, ein riesiges, ovales Becken, in dem man richtig gut schwimmen kann. In der Mitte ist eine Insel mit einem integrierten Whirlpool. In diesem Whirlpool ist das Wasser bedeutend wärmer und Platz ist für uns alle. Eigentlich war ich ursprünglich für einen Naturbadeteich, aber dieser Pool ist wirklich toll. Tom teilt unseren Geschmack. Gerade haben wir Platz in dem Whirlpool genommen, platscht es gewaltig und mein großer lieber Senfhund planscht fröhlich im Whirlpool herum und lässt sich abwechselnd von jedem kraulen.

Bei tollem Wetter, in einer tollen Landschaft, in einem tollen Whirlpool, wird die Atmosphäre zusehends entspannter. Matschomutsch wird immer menschlicher, wie alle anderen auch. Und dann passiert es leider doch. Das Thema, das angeblich Deutschland spaltet, wird diskutiert.

Matschomusch: »Habt ihr mein letztes Interview gesehen? Da hab ich es diesen sogenannten besorgten Bürgern aber richtig gezeigt, oder?

Kevin: »Ja, aber so richtig!«

GretaHandy: »Die Teresa Tutnurso hat gesagt, sie wollen die Demokratie zerstören! Das muss verhindert werden. Lasst uns gleich noch mal eine Demo machen.«

Ich: »Wieso Demokratie zerstören?«

Kevin: »Weiß ich auch nicht so genau. Aber Mutti Tutnurso wird das schon wissen. Wenn sich jemand mit Demokratie auskennt, dann die Mutti! Wusstet ihr eigentlich, dass es irgendwann einmal zwei Deutschlands gab. Einmal so ein kapitalistisches und dann eines, das Deutsche Demokratische Republik hieß. Und die Mutti ist extra in dieses demokratische Deutschland rübergemacht. Nur wegen der Demokratie! Und jetzt wollen so dreckige Nazis alles kaputtmachen!«

Matschomutsch: » Theo, bist du wirklich ein Nazi?«

Auf der Stelle verkrampft sich alles in mir. Tom merkt das sofort. Gerade ist er noch bei Anja und lässt sich hinter den Ohren kraulen, schon paddelt er zu mir und schmiegt sich an mich. »Nein«, höre ich mir selber zu. »Wenn überhaupt, dann bezeichnet mich meinetwegen als Egoisten. Denn ich verstehe die finanziellen Bedenken über die Flüchtlingspolitik. Ich gehe mein Leben lang arbeiten, fahre auch jetzt noch neben meiner Arbeit zusätzlich am Wochenende Taxi. Meine Rente wird trotzdem winzig sein. Auch war ich mal mit einem kleinen Taxiunternehmen selbständig. Ich zahlte viele Steuern, obwohl ich mir nicht einmal eine Krankenversicherung leisten konnte. Für meine fehlende Krankenversicherung wäre unser System nie im Leben bereit gewesen, die Beiträge für mich zu übernehmen. Denn es geht um wirklich viel Geld. Und für Flüchtlinge müssen wir zwangsweise diese Beiträge bezahlen, wie komplett für alle ihre Belange. Ich verstehe es, wenn den Leuten diese Menge an Hilfsbedürftigen über den Kopf wächst und sie ungefragt dafür aufkommen müssen.«

Ich schaue in die Runde. Was sehe ich im Gesichtsausdruck meiner Freunde? Verständnis? Nein, ich glaube nicht. Ich würde eher sagen, ich sehe echauffierte oder eventuell sogar angeekelte Gesichter?

Greta Matschomutsch sagt in einem weinerlichen Ton: »Das ist übelste Hetze! Wenn das jemand hört, wird Theo verhaftet.«

Greta-Handy nickt zustimmend: »Theo ist wirklich nicht demokratisch.«

Matschomutsch starrt geradeaus und schüttelt in einer Tour den Kopf. »Wie kann man nur so geizig sein!«

Greta-Handy ergänzt: »Theo ist wohl doch ein rechter Nazi.«

Das ist zu viel für mich. Mein ganzes Leben lang bin ich ein toleranter, hilfsbereiter Mensch. Wie kann man mich auf eine Stufe stellen mit Ungeheuern, die Minderheiten ächten, die töten und die grausamsten Kriege führen? Am Anfang der Flüchtlingskrise hätte man mich eventuell noch herablassend als besorgten Bürger bezeichnet. Nun mutiere ich gerade zum sogenannten Wutbürger und lasse meinem Frust freien Lauf: »Und für Seerettung im Mittelmeer bin ich selbstverständlich. Allerdings bin ich dafür, dass die Geretteten unverzüglich zurückgebracht werden müssen. Damit niemand dazu ermuntert wird, den gleichen Weg zu nehmen, und sich dadurch immer mehr Menschen in Lebensgefahr begeben.«

Wow. Diese Sätze haben aber gesessen! Von guter Stimmung ist jetzt nichts mehr zu spüren.

Die beiden Gretas haben wieder ihren hysterischen Blick. Anja ist verlegen. Kevin grübelt bestimmt gerade, was er in seinen Bericht schreiben soll. Matschomusch murmelt etwas wie »Das ist ja eklig«. Und Ehepaar Nobeldress ist gar nicht richtig bei der Sache, weil sie die ganze Zeit gemeinsame Fotos mit Matschomutsch per Handy verschicken.

Da ich aber ein harmoniebedürftiger Mensch bin, versuche ich, die Situation zu entschärfen: »Aber ich finde es natürlich toll, wenn sich Menschen selbstlos engagieren, um anderen zu helfen. Ihr, die ihr ja so dafür seid, was habt ihr selbst getan?«

Ehepaar Nobeldress meldet sich als Erstes zu Wort. »Wir werfen Teddybären, wenn Flüchtlinge ankommen!«

Greta-Handy: »Ich gehe ständig zu Demonstrationen gegen die rechten Nazischweine und für die wahre Demokratie! Wir brauchen eine echte Deutsche Demokratische Republik, besser noch Europäische Demokratische Republik.«

Greta Matschomutsch: »Ich gehe freitags demonstrieren. Und wir haben es denen in der Regierung schon so richtig gezeigt. Die sind voll eingeknickt vor uns. Jetzt gibt es sogar eine neue Steuer: CO-irgendwas Steuer. Das ist eine richtige Revolution. Jetzt wird alles besser!«

Matschomutsch: »Und ich mache bei meinen öffentlichen Auftritten alle schlecht, die so denken wie du, Theo. Ich mag solche Geizkrägen wie dich nicht!«

Die beiden Gretas im Chor: »Eigentlich ist Theo gar nicht so übel, aber er ist ziemlich geizig.«

Gerade will ich kontern und fragen, wie viel Lohnsteuern die beiden Gretas denn in ihrem Leben schon gezahlt haben. Aber da fällt mir Anja ins Wort: »Nicht nur Menschen haben ein freies Recht, auf diesem Planeten zu leben.

Auch Tiere. Und Tiere können sich gar nicht selbst helfen, sondern müssen sich mit den Bedingungen abfinden, die der Mensch ihnen diktiert.«

Danke, Anja! Dank dir haben wir das Thema Flüchtlingspolitik überstanden. Endlich sind wir alle wieder einer Meinung. Es ist doch ein schöner Tag.

Auf dem Rückweg nach Dortmund telefoniere ich mit Highlander. »Das Grundstück ist eingezäunt. Bedrohte Wildpflanzen sind angepflanzt. Wir haben einen Schwimmteich. Kevin will einen Wohnwagen kaufen und mit Anja fest auf dem Grundstück wohnen. Anja und Greta wollen gemeinsam Familie Braunbär aus Bulgarien holen. Helga und Horst haben bei Labohs, auf eigene Kosten, Insektenhotels bestellt.«
Highlander ist beeindruckt. Ich bin siegessicher. Der Drops ist gelutscht. Highlander, wann gehst du in Rente?

Fast in Dortmund angekommen höre ich Nachrichten: *»Unserem beliebten Superstar-schauspieler Nikolaus Matschomutsch wird vorgeworfen, Steuern in Millionenhöhe unter-schlagen zu haben. Liebe Hörerinnen und Hörer. Das wird bestimmt ein Irrtum sein, was sich schnell aufklären wird. Matschomutsch ist* *schließlich bekannt dafür, dass er sich immer und überall selbstlos für Flüchtlinge einsetzt.«*

Schnell rufe ich Greta an. »Kann ich euch irgendwie helfen?«

Aber Greta sagt, dass alles in Ordnung ist. Papa überweist schnell ein paar Millionen Strafe und dann ist die Sache aus der Welt. Das Geld kommt auch schnell wieder rein, denn Papa hat wieder einige Einladungen zu Talkshows bekommen.

Und tatsächlich höre ich schon wenige Tage später die Meldung, dass alles nur ein Versehen war und dass unsere Staatsmutti stolz auf Matschomutsch ist, weil er seine Strafe akzeptiert hat.

Anja wäre beinahe nicht nach Bulgarien gefahren, weil es kein schlüssiges Konzept für diese Expedition gibt. Aber Greta hat sie dann doch überzeugt. Also schnappen sich die beiden meinen SUV und nehmen Kurs auf Bulgarien.

Obwohl der Wagen ein spitzenmäßiges Navigationsgerät hat, verfranzen sich die beiden immer wieder. Nach zwei Tagen Fahrt finden sie endlich das kleine Dorf. Von hier ist es nicht mehr weit. Der Hof des Bärenbesitzers liegt etwas außerhalb, direkt am Waldrand. Schon von Weitem sieht Anja, dass sich einiges getan hat. »Oh Greta, ich freu mich so. Schau mal, die große, eingezäunte Fläche links von dem Haus. Die gab es vorher nicht. Ich bin ja so froh. Er hat das Geld, das wir ihm geschickt haben, tatsächlich für die Bärenfamilie investiert.«

Greta Matschomutsch: »Schau mal, das Auto, das uns entgegenkommt!«

Anja: »Was ist mit dem Wagen?«

Greta Matschomutsch: »Der Wagen kommt auch aus Deutschland.«

Tatsächlich, der Transporter mit großer, geschlossener Ladefläche hat ein deutsches Kennzeichen.

Die Straße ist schmal. Der Transporter ist breit, mein SUV ebenfalls. Das wird wohl kaum passen. Beide halten und stehen sich quasi gegenüber.

Im Transporter sitzt ein junges Mädel.

Anja: »Schau mal, die Arme weint.«

Greta Matschomutsch: »Komm, wir steigen aus. Vielleicht können wir helfen.«

Beim Aussteigen lernen die beiden die Klimaanlage meines SUV zu schätzen. Boah, ist das eine Hitze. Und überall Hundegebell! Wo kommt das denn her?
»Hallo, wir sind Anja und Greta. Können wir dir helfen?«

Die Transporterfahrerin sieht völlig fertig aus.

Mit dünner Stimme antwortet sie: »Hallo, ich heiße auch Greta.«

Weiter kann sie nicht sprechen, denn sie bekommt wieder einen Weinkrampf. Und gleichzeitig mit ihrem Weinkrampf kommt markerschütterndes Hundeweinen aus dem

Laderaum ihres Transporters. Die Transporter-Greta will auch unbedingt weiter, weil sie fort von diesem Ort möchte. Viel Zeit für Erklärungen bleibt auch nicht. Aber bevor der Transporter in einer Staubwolke am Horizont verschwindet, wissen Anja und Greta, dass diese Greta vom Tierschutzverein "Feuchte Augen" kommt. Sie haben einem Hundebesitzer Geld für Futter und Impfungen gegeben. Dann wurden es immer mehr Tiere und der Hundehalter hat die Tiere gezüchtet, um sie günstig in Deutschland zu verkaufen. Die Zustände seiner Hundehaltung seien katastrophal. Die Tiere leiden, und er behandelt sie ganz schlimm. "Feuchte Augen" versucht nun, die Tiere aus dem Elend zu befreien. Aber der Besitzer gibt die Tiere nur her, wenn er pro Tier 300 Euro bekommt. Nun sammelt "Feuchte Augen" ständig Geld und holt damit die armen Tiere ab, um sie in Deutschland zu vermitteln. Aber jedes Mal, wenn sie Hunde abholen und ein paar von den armen Hunden aus ihrem Elend befreien, sind es wieder mehr geworden.

Greta und Anja setzen die Fahrt fort. Je näher sie dem Hof kommen, umso lauter wird das Wimmern und Jaulen von Hunden. Und ein schlimmer Gestank nimmt auch mit jedem Meter zu.
Das Gehege, das Anja von Weitem gesehen hat, ist übervoll mit lieben, hilflosen, fast

verhungerten und krank aussehenden Hunden. Gesäubert wurde dieses Gehege wohl noch nie. Überall liegen Exkremente und sogar verendete Hunde.

Anja und Greta sind bei diesem Anblick fassungslos traurig. Eben haben sie eine junge Frau weinen sehen. Nun weinen sie selbst.

Geschockt suchen die zwei Familie Braunbär. Sie kommen an einem schicken neuen SUV vorbei, viel nobler und teurer als meiner.

Hinter dem Haus ist der Verschlag, wo Bärbel früher gewohnt hat. Vorsichtig öffnet Anja den dunklen Verschlag. Es riecht bestialisch. Auch hier ist alles voller Exkrementen. Gegenüber dicht mit dem Rücken zur Wand steht Familie Braunbär. Mama Braunbär stellt sich tapfer vor ihre Jungen. Aber nicht in einer Drohgebärde, sondern selbst vollkommen verängstigt und eingeschüchtert hat sie ihren Kopf dabei gesenkt und hält schützend ihre Tatzen vor ihr Gesicht.

Die drei Bären sind ausgehungert. Man sieht jede Rippe. Überall haben sie Blutergüsse von Schlägen mit einem Stock. Auch Bärtram und Bärtrude wurde schon ein Ring durch die kleinen Nasen getrieben und ihre Zähne sind abgefeilt.

Bis zu diesem Augenblick haben die beiden Frauen nicht den Kerkermeister bemerkt, der nun mit einer dicken Eisenstange in der Hand fluchend auf Anja und Greta zukommt. Nicht nur die Bärenfamilie gerät in Panik, auch die beiden Mädels. Obwohl niemand diesem Typen etwas getan hat, schlägt er wahllos auf die Bären ein. Die suchen Schutz bei ihrer Mama. Greta kreischt. Anja kreischt. Es herrscht Chaos. Die kleine Bärtrude weicht einem Schlag mit der Stange aus und hat keine andere Wahl, sie muss dafür aus dem Kerker fliehen. Jetzt wird der Typ noch ungehaltener als zuvor und will auch auf die Mädels losgehen. Die fliehen in Richtung Auto. Es ist komisch, dass die Türen offenstehen. Sie hatten doch abgeschlossen. Aber egal. Sie springen in den Wagen und wollen losfahren. Anja hüpft auf den Fahrersitz, Greta auf die Rückbank. Gerade will Greta die Tür zuwerfen, als Bärtrude voller Panik mit ins Auto springt.

Die Tür ist zu und Bärtrude klammert sich an Greta. Ihr kleines Herz pocht wie verrückt. Bärbel weint aus ihrem Kerker herzerweichend. Die Hunde wimmern. Der Typ rennt auf mein Auto zu und haut mit der Eisenstange satt in den frisch reparierten Kotflügel. Anja gibt Vollgas, weg von diesem Horrorhaus.

Erst an der nächsten Tankstelle begreifen die beiden Mädels, warum die Türen des Autos offen waren, als sie fliehen mussten. Aus dem Wagen ist alles Wertvolle gestohlen worden. Nur ihre Ausweise und etwas Bargeld, das sie in den Hosentaschen hatten, ist ihnen geblieben. Sie hoffen, dass das Geld für den Heimweg reichen wird.

Die Mädels wollen nur noch nach Hause. Schnell tanken sie, kaufen 30 Liter Milch und 10 Glas Honig und treten den Rückzug an. Sie erreichen die Grenze nach Rumänien und stehen in einer langen Wagenschlange. Es wird aufs Penibelste kontrolliert. Was nun? Ob man wohl mit einem Braunbärbaby im Auto über die Grenze darf? Oh je, der Wagen vor den beiden Mädels wird rausgewunken. Alle müssen aussteigen, der Kofferraum wird geöffnet. Schon fangen die Zöllner an, das Gepäck auseinanderzupflücken.

Bärtrudes Puls hat sich immer noch nicht beruhigt. Greta ist übel vor Aufregung und Anja erzählt die ganze Zeit davon, dass man niemals ohne ein schlüssiges Konzept derartige Expeditionen machen sollte.

Jetzt sind sie an der Reihe. Lässig und desinteressiert winkt der Zollbeamte den Wagen durch, ohne eine Frage zu stellen, ohne sich Ausweise zeigen zu lassen, ohne überhaupt irgendetwas zu kontrollieren.

Die nächste Grenze ist Ungarn. Horror. Das ist doch das böse Land, das nicht einmal Flüchtlinge durchlässt.

Hier sieht die Grenzkontrolle in der Tat ganz anders aus. Hier wird kontrolliert.

»Haben Sie etwas zu verzollen?«, fragt der Grenzbeamte mit eiskaltem, ernstem Gesicht.

Anja stammelt eingeschüchtert: »Einen jungen Braunbären.«

Der Grenzbeamte schaut Anja eine Weile wortlos an. Dann verändert sich sein Gesichtsausdruck und er fängt lauthals an zu lachen.

Er zeigt mit dem Finger auf Anja und sagt lachend etwas zu seinen Kollegen auf Ungarisch.
Zu Anja sagt er dann in gebrochenem Deutsch: »Gute Fahrt!« und öffnet die Schranke.

Grenzkontrollen sind nun nicht mehr das Problem. Aber Bärtrud geht es immer schlechter. Der Gesamtzustand, die Trennung von ihrer Mama und dann noch dieser Höllenritt nach Deutschland ist einfach zu viel für die Kleine. Nicht einmal Milch und Honig interessieren sie mehr.

Als sie gerade über die Grenze nach Deutschland fahren, wird der Zustand immer schlechter.

Also steuern die beiden Mädels einen Tierarzt an.

Der Tierarzt besteht auf Barzahlung. Und da Wochenende ist, muss er schon allein 59,90 Euro Notdienstgebühr verlangen. Das ist Pflicht. Unsere Regierung hat beschlossen, dass er das tun muss. Wo kämen wir auch hin, wenn die Tierärzte selbst über ihre Gebühren entscheiden dürften.

Greta und Anja haben das Geld nicht. Im Gegenteil. Sie haben nicht einmal mehr Geld zum Tanken. Sie steuern noch zwei weitere Tierärzte an. Aber überall bekommen sie dieselben Antworten.

Und Bärtrudes Zustand wird immer schlechter. Das kleine Herzchen wird jetzt immer langsamer und das kleine Bärenmädchen wird immer wieder bewusstlos.

An der nächsten Tankstelle tankt Anja voll, lächelt in die Kameras und gibt Vollgas. Der Tankwart bemerkt es noch, kommt aber zu spät. So ein SUV kann ziemlich schnell sein. Dann gibt Anja auf der Autobahn ordentlich Gas. Es werden noch ein paar Erinnerungsfotos gemacht, die später bei mir ankommen werden, gemeinsam mit einer gewaschenen Anzeige wegen Benzindiebstahls.

Aus dem Auto ruft mich Anja an, dass sie gleich da sein werden. Ich lotse sie direkt zu meinem Tierarzt, der sich auch um Tom kümmert. Der Tierarzt hat schon alles vorbereitet, Anja trägt Bärtrude sofort in den Behandlungsraum. Zuallererst soll sie einen Tropf mit Kochsalzlösung bekommen. Gerade ist der Zugang gelegt, seufzt Bärtrude noch einmal traurig, sucht Anjas Mund und gibt ihr einen Kuss. Dann hört ihr Herzchen auf zu schlagen. Für immer!

Im Gegensatz zu früher bekomme ich glücklicherweise nicht mehr so viel Post. Vorher, als ich mich mit meiner Selbständigkeit in großen Schritten Richtung Ruin bewegte, bekam ich zentnerweise Briefe. Gott sei Dank ist diese Zeit vorbei. Heute klappert seit langer Zeit mal wieder der Briefkasten. Ein Amt in Mecklenburg möchte etwas von mir. Ich bin gespannt!

Sichern Sie umgehend Ihr Gebäude mit dem eingestürzten Dach. Ziehen Sie umgehend einen Zaun um Ihr Grundstück. Falls Sie nicht umgehend tätig werden, sperren wir Sie bis zur nächsten Eiszeit in unseren Kerker.

Hab ich wieder Wodka getrunken?

Nein, ich bin völlig nüchtern. Dieser Brief ist tatsächlich an mich adressiert. Die Adresse meines Grundstücks ist genannt. Eine versteckte Kamera kann ich auch nicht entdecken. Mit weichen Knien rufe ich Kevin an. »Hallo Kevin, sind deine Ritter noch auf dem Grundstück?«

Kevin: »Nein, denen war es dort zu langweilig. Da passiert ja gar nichts. Die sind abgehauen.«

Ich: »Kevin, hast du auf dem Grundstück noch ein paar Hühner herumlaufen oder sonstige Kameras installiert?«

Kevin: »Theo, wo denkst du hin. Wir sind doch jetzt echte Freunde.«

Ich: »Kevin, ich hab hier so einen komischen Brief bekommen. Das Dach wäre eingestürzt, und es wäre auch kein Zaun da.«

Kevin: »Theo, ich rufe dich gleich zurück. Ich richte mal eben einen Spionagesatelliten auf das Grundstück.«

Der Rückruf ist bitter. Kevin erläutert kleinlaut. »Ich wollte nicht mehr, dass ihr beobachtet werdet. Jetzt kann man nicht mehr feststellen, wer das gemacht hat. Aber das Dach ist wirklich eingestürzt, der Zaun ist weg, der Pool ist nicht mehr da und auf dem ganzen Grundstück sind Traktorspuren. Alles, was wir geschaffen hatten, ist zunichtegemacht.«

Wir treffen uns alle noch einmal zur Krisensitzung auf dem Grundstück. Weinend liegen wir uns in den Armen. Anja schaut Kevin wieder tief in die Augen. Aber selbst das hilft nicht mehr.

Wir setzen ein Inserat ins Internet: *»Grundstück zu verschenken«*.

Augenblicklich haben wir wieder viel zu tun. Geduldig erklären wir alles am Telefon. Das Dach ist eingestürzt. Nein, ansonsten gibt es keinen Haken.

193-mal sagen die Interessenten, dass wir das Inserat sofort rausnehmen sollen. Sie nehmen das Grundstück auf jeden Fall.
193-mal kommen den Leuten dann doch Zweifel und fragen, ob ich nicht mal eben auf meine Kosten ein Bodengutachten machen lassen könnte. Schließlich könnten Altlasten auf dem Grundstück sein. Ob ich nicht mal kurz auf meine Kosten eine Baugenehmigung für dies das und jenes machen lassen könnte. Ob ich nicht erst einmal einen Zaun ziehen lassen könnte und das Dach reparieren lassen kann, bevor ich das Grundstück verschenke und so weiter.

Erstaunt sind wir, dass Verschenken so anstrengend sein kann.

Schließlich kommt dann doch ein seriöser Anruf von einem gemeinnützigen Verein aus der Gegend. Das Grundstück könnten sie gut für Vereinszwecke nutzen. Auch wir sind kein Problem. Vielleicht ergänzen wir uns ganz gut. Dann haben wir alle etwas von diesem herrlichen Fleck Erde.

Aber uns ist die Lust vergangen. Anja hat mittlerweile herausgefunden, dass Bärbel kurz darauf gestorben war, als sie Bärtrud mitgenommen hatten, wohl aus Kummer. Bärtram ist nun der neue Tanzbär seines Kerkermeisters.

Greta widmet jetzt ihre komplette Energie dem professionellen Demonstrieren. Die andere Greta ist nach Bulgarien umgezogen und betreut dort Braunbären. Anja und Kevin sind nach Berlin gezogen. Anja studiert dort Konzeptwissenschaft und Kevin hat dort einen neuen Auftrag. Ich glaube, er soll eine junge Partei observieren oder so ähnlich. Helga und Horst haben bei Labohs angeheuert. Sie sollen die erste textilfreie Kleidungskollektion herausbringen. Darauf bin ich mal gespannt.

Ja und ich! Ich habe viele Termine bei Annika und werde weiter gejagt.

Man fragt sich, wie ich dazu komme, ein so schönes Grundstück zu verschenken. Dieser beschenkte Verein ist bestimmt eine staatsfeindliche Organisation. Der Sache muss doch jemand auf den Grund gehen.

So schnell sind drei Jahre vorbei. Highlander geht in Rente. Das feiern wir alle gemeinsam in Veras ehemaligem Elternhaus. Die 3 A`s haben alles vorbereitet. Das Wetter ist wieder einmal schön, wir sitzen im Garten. Wolfgang begutachtet die Pflanzen. Seltene Wildpflanzen blühen in den schönsten Farben. Libellen, Schmetterlinge und Wildbienen flattern fröhlich von Blüte zu Blüte. Fachgerechte Insektenhotels stehen an den richtigen Plätzen. Ein niedliches, zugelaufenes Kätzchen schnurrt um unsere Beine. Und unsere drei A`s gehören mittlerweile ganz selbstverständlich zu uns, immer und überall.

Vera und Annika haben ein wirklich lebendiges Projekt geschaffen. Feierlich überreicht Highlander den Scheck. Eine halbe Million Euro. Vera und Annika werden davon das Nachbargrundstück kaufen und das Projekt vergrößern.

Meine halbe Million hat Highlander neu angelegt, ganz sicher und garantiert gewinnbringend. Wenn sein Nachfolger in Rente geht, darf er das Geld an einen guten Zweck weitergeben.

Damit bin ich vollkommen einverstanden. Trotzdem bekomme ich sogar noch einen

Trostpreis. Einen Renningwolf 4 Rasierer. Ich bin völlig gerührt.

Auch Highlander bekommt ein Präsent von mir. Was schenkt man schon jemandem, der alles hat? So wie Wolfgang bei seinem Vortrag, bekommt nun auch Highlander einen Frühstückskorb gefüllt mit Bioprodukten aus nachhaltiger Produktion. So wie jeder andere Kollege bei Pfenningfuchs, spricht auch Edgar nicht mehr mit mir. Also kann ich ihn auch nicht fragen, wo er damals den Korb für Wolfgang gekauft hatte. Aber ich habe mich richtig ins Zeug gelegt und habe den besten von allen Bioläden in Dortmund ergattert. Bei dem wohl seriösesten Laden habe ich gekauft. Die Preise sind ganz schön gestiegen. Mit 100 Euro, wie damals bei Wolfgang, komme ich nicht mehr aus. Glatt 150 Euro muss ich investieren. 150 Euro, die sich gelohnt haben. Highlander ist vollkommen begeistert.

Was für ein Zufall. Ich trage die gleiche Jacke, wie bei Wolfgangs Wildbienenvortrag. Irgendwann fällt ein Kassenzettel aus meiner Jackentasche. Highlander hebt ihn auf, liest ihn und will ihn wegwerfen. Aber ich bin neugierig, winke mit der Hand: »Gib mal rüber!«

Highlander zögert einen Moment, reicht mir dann das Papier und verschwindet Richtung WC.

Woher ist der Kassenzettel? MHD-Discount? Kenne ich nicht. Was habe ich denn da gekauft? Einen Discount-Frühstückskorb? Heruntergesetz auf 40 Euro wegen Mindesthaltbarkeitsdatum! Wo kommt dieser doofe Zettel bloß her?

Es ist so ein schöner Abend, der dürfte nie vorübergehen. Ausgelassen trinke ich Bier. Und noch ausgelassener trinke ich auch noch Wodka dazu. Wolfgang bietet mir einen Zug aus seiner biologisch einwandfreien Zigarette an. So ausgelassen bin ich dann doch nicht. Aber das Bier und vor allem der Wodka hinterlassen wieder markante Spuren bei mir.

Maria sind diese Spuren zu markant, weshalb sie schon lange nach Hause gegangen ist. Als Allerletzter verlasse auch ich die Party und stolpere Richtung heimisches Bett.

»Du Verräter!«, höre ich eine Stimme. Schon fliegt ein langes Messer in meine Richtung. Gut, dass ich gerade alkoholbedingt eine massive Gleichgewichtsstörung habe, stolpere und hinfalle. Das Messer verfehlt mich.

»Das ist die Drogenmafia«, brüllt ein Polizist in sein Funkgerät, der sich in einem Gebüsch versteckt hatte. Schon stürzen sich ein paar Leute auf den Messerwerfer. Wo kommen die denn alle so plötzlich her? Egal, Hauptsache sie helfen mir.

Während ich langsam wieder aufstehe, entwickelt sich ein riesiger Tumult direkt vor meinen Augen. Immer wieder kommen neue Leute dazu. Drogenmafiosis die sich gegenseitig zu Hilfe eilen, Polizisten, Geheimdienstleute und sogar der Detektiv meiner Firma ist verwickelt.

Schnell weg hier, denke ich und trete die Flucht an. Keiner nimmt von mir Notiz. Die sind genug mit sich selbst beschäftigt. Das würde gerade noch einmal gutgehen, wäre da nicht der Alkohol. Und diese Bodenwelle, über die ich schon wieder stolpere. Kopfüber falle ich unglücklich hin. Dabei rutscht mein Renningwolf-Rasierer aus seiner Hülle. Ich schneide mich tief in den Arm. Es blutet stark. Ob ich jetzt sterbe? Schon ist auch ein Reporter da und hält mir ein Mikrofon vor den Mund. Ein Kameramann begleitet ihn, ich bin live im TV. »Herr Theo, bevor Sie jetzt endlich abkratzen! Möchten Sie noch jemanden um Verzeihung bitten?«

Verdutzt schaue ich in die Kamera. »Wieso um Verzeihung bitten? Wen denn?«

Nun nimmt der Reporter das Mikrofon wieder weg und spricht selbst hinein, die Kamera jetzt auf ihn gerichtet. »Liebe Zuschauerinnen, liebe Zuschauer, Sie sehen wie egoistisch dieser Topterrorist ist.«

Dann schaut der Reporter an der Kamera vorbei. »Ich glaub, ich traue meinen Augen nicht. Da ist ja Minister Superschlau persönlich. Herr Minister, wie schaffen Sie es, immer zum richtigen Zeitpunkt am richtigen Ort zu sein?«

Die Kamera ist nun auf Superschlau gerichtet: »Das beruht auf der hervorragenden Arbeit meiner Behörden und natürlich meiner außergewöhnlichen Fähigkeiten. Für den Schutz unserer freien Gesellschaft darf uns keine Mühe und kein Betrag zu viel sein. Die jetzt anstehenden Steuererhöhungen ...«

Maria hatte sich Sorgen gemacht und wollte sehen, wo ich bleibe. Gemeinsam mit Tom hatte sie sich auf den Weg gemacht, nach mir zu schauen. Nun entdeckt sie mich, reißt den Ärmel ihrer Jacke ab und verbindet damit meine Wunde. Der Medienrummel wird indes immer größer. Alle stürmen zu Minister Superschlau. Uns beachtet niemand. Maria schaut mich an. »Theo, wir müssen hier weg!« Tom, mein spanischer Lieblingsimmigrant schaut mich ganz ernst mit seinen treuen Augen an. Ich glaube, er nickt.

Ende

Ich widme dieses Buch den Wildbienen. Die Wildbienen brauchen unbedingt unsere Aufmerksamkeit und dringenden Schutz. In unserem eigenen Interesse!

Theodor Ekaar-Netsroht

Mit dem Taxi zur Hölle!

Roman

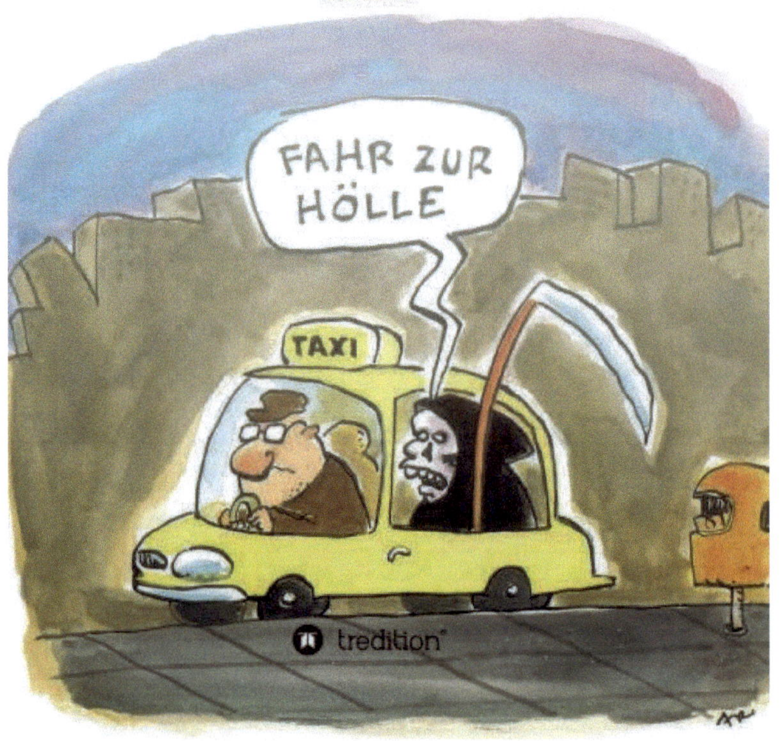